FÜR SANNA

Michael Matthiass

Echtzeit

Die Kunst, intuitiv zu denken

verlag hermann schmidt

INHALT

Landungsbrücken, 20. Juni 1984

Ich fahre auf meinem Rennrad die Elbe entlang, müde von einem langen Tag im Zivildienst. Hamburg leuchtet in der Abendsonne, ich habe keine Pläne, lasse mich treiben. An den langen Pontons der Landungsbrücken liegt wie immer ein gutes Dutzend schwerer Hafen-Schlepper und wartet auf den nächsten großen Pott, der im weitläufigen Hafen an seinen Liegeplatz geschleppt werden muss. Einem Impuls folgend schiebe ich mein Fahrrad auf einen Ponton und setze mich zwischen die bulligen Boote. Plötzlich startet auf einem der Schlepper der Schiffsdiesel, Seeleute hantieren mit Tauen, rufen sich über das Dröhnen der Maschine Anweisungen zu, machen das Boot klar zur Ausfahrt. Ein weiterer Impuls und ich stehe auf, gehe zu einem Matrosen, der gerade an der Reeling lehnt und frage: »Kann ich mitfahren?«

Absurde Frage, das ist mir klar. Diese kleine stählerne Bulldogge wird gleich einen richtig großen Kahn an den Haken nehmen, der wahrscheinlich zehnmal so lang ist wie sie selbst und zweihundertmal soviel Wasser verdrängt – um ihn in den Köhlbrand zu drehen, oder, schwieriger noch, in eines der Trockendocks an der Norderelbe. Vor und hinter ihr werden nur wenige Dutzend Meter Spielraum sein im kabbeligen Spiel von Strömung und Ebbe und Flut, je nachdem, was gerade dran ist. Die Verantwortung ist gewaltig, der Schlepper-Kapitän hat nicht umsonst das Patent zur »Großen Fahrt« und am Haken werden Werte in dreistelliger Millionenhöhe hängen – die haben wirklich anderes zu tun, als eine erkennbar naive Landratte in Öko-Klamotten mitzuschleppen. Von den versicherungstechnischen Fragen mal ganz abgesehen.

Der Matrose sagt: »Wenn der Käpt'n nix dagegen hat ...« verschwindet kurz, kommt zurück, führt mich zu einer kleinen stählernen Plattform zwischen den beiden Schornsteinen und befiehlt mir streng, mich hinzusetzen und mich nicht vom Fleck zu rühren. Ich nicke. Warum sollte ich auch? Direkt unter mir liegt das Achterdeck mit seinen zentnerschweren Haken und armdicken Tauen, der Ort, an dem es gleich ums Ganze gehen wird. Und dahinter: links der Hafen mit seinen scharf gezeichneten Kran-Wäldern, rechts die zerklüftete Silhouette der Stadt, dazwischen die Elbe, träge funkelnd.

Die nächsten Stunden sind magisch.
Wir fahren den Fluss hinunter Richtung Blankenese, um vor Teufelsbrück gemeinsam mit einem anderen Schlepper einen südafrikanischen Frachter an den Haken zu nehmen und ziehen ihn dann mit sanfter Gewalt um die Ecken und Kanten des Hafens, während das glühende Orange des Abends allmählich in Nachtblau übergeht. Manchmal stehe ich doch auf, um in die rundum verglaste Brücke zu schauen und zu beobachten, wie der Kapitän, bewaffnet nur mit zwei Joysticks, einem Funkgerät und knappen Kommandos den hoch hinter uns aufragenden Pott durch das Gewimmel der Boote und Barkassen an seinen Liegeplatz bugsiert.
Aber die meiste Zeit sauge ich das Katz-und-Mausspiel zwischen Schlepper und Frachter auf, die erwachenden Lichter der Stadt, die milde Sommernachtsluft.

Kurz nach elf sind wir wieder an den Landungsbrücken.
Ich bedanke mich überschwänglich.
Die Crew weiß nicht, wofür.

Aber schon während der Tour war mir eines ganz klar: Irgendetwas Seltsames passiert hier gerade und es ist groß, fundamental, wichtig. Es war, als hätte sich eine Tür geöffnet und hinter dieser Tür lag das Leben, so, wie es eigentlich gelebt werden will, gelebt werden muss: Bedenkenlos und direkt, unmittelbar, ohne Plan, ohne Angst.

Alles an diesem Abend war vollkommen unerwartet. Aber gleichzeitig war alles genau richtig so, wie es war. Einfach, schwerelos. Alles griff wie von selbst ineinander und führte mich an einen Ort, den ich eigentlich nie hätte erreichen können.
Und alles, was ich getan hatte, um in diesen beglückend-nüchternen Rausch zu kommen, war, einer leisen Stimme in mir zu folgen.
Vordergründig betrachtet war ja nichts Großes passiert: Ich hatte mich mit mehr Glück als Verstand an Bord eines Hafenschleppers gequatscht. Eine interessante Kette von Zufällen an einem zugegebenermaßen sehr brauchbaren Hamburger Sommerabend, mehr nicht – wäre da nicht dieses überwältigende Gefühl von »das ist genau richtig so« gewesen.
Es war meine erste bewusste Begegnung mit der Echtzeit.
Von diesem Abend an war ich süchtig danach.

Glashüttenstraße 38, zwei Jahrzehnte später

Ich stehe mit meinem Team in einem Konferenzraum von Jung von Matt, eine der großen deutschen Werbeagenturen. Die Texter und Artdirektoren haben ihre Ideen an Wände geklebt und auf dem großen Holztisch ausgebreitet. Mein Job als ihr Creative Director ist es, aus diesem Berg halb fertiger, schlecht gescribbelter, oft nur schemenhaft erkennbarer Ideen diejenige herausfiltern, in die wir die nächsten sechs Tage unsere ganze Energie und einiges an Geld investieren werden, um den Pitch um einen großen Kunden zu gewinnen.

Ich denke nicht an die Schlepperfahrt. Aber die vage, staunende Erkenntnis dieser Nacht hat sich inzwischen zur Gewissheit verdichtet:
Es gibt einen schwerelosen, gedankenlosen Strom in uns, eine stille Stimme, die – ich weiß in diesem Moment noch nicht warum oder wie – ganz offensichtlich ganz genau erkennt, was richtig ist.
Eine Stimme, die nur zwei Dinge von mir braucht: Aufmerksamkeit und Vertrauen.

Und jetzt, inmitten dieses Waldes von bekritzelten Blättern gebe ich dieser Stimme nicht nur meine Aufmerksamkeit – das habe ich schon oft getan. Dieses Mal, zum ersten Mal gebe ich ihr ganz bewusst auch mein Vertrauen. Ich höre auf sie, ohne eine Begründung zu haben oder auch nur nach einer zu suchen.
Ich wähle eine Idee aus, einfach, weil ich fühle: sie ist richtig.
Ein Teil von mir schlägt mental die Hände über dem Kopf zusammen, versucht es mit Zweifel, fordert Begründungen, macht mir Angst. Aber er kommt nicht durch. Heute nicht.
Wir gewinnen den Wettbewerb.

Mein Schreibtisch, Sommer 2020

Ich weiß endlich, wie die ersten Worte dieses Buches lauten werden:
»Nichts, was Sie hier lesen werden, ist wirklich neu.
Nichts, was Sie hier lesen werden, ist wirklich von mir.«

An den Landungsbrücken habe ich Intuition als stille, wahre Stimme in mir erlebt. Bei Jung von Matt habe ich angefangen, diese Stimme ganz bewusst als Teil des kreativen Prozesses einzusetzen. Aber erst jetzt beginne ich, Intuition wirklich zu verstehen.

Zu verstehen, dass sie nichts Privates oder Subjektives ist und schon gar nichts Zufälliges. Dass sie so alt ist wie die Menschheit, älter sogar, und so universell wie Schwerkraft. Dass sie Dinge weiß, von denen wir gar nicht wussten, dass wir sie wissen. Dass sie klüger, weiser, schneller und präziser ist, als wir ahnen. Dass wir alle diese erstaunliche Stimme in uns haben. Alle.

Woher ich das weiß?
In den letzten zehn Jahren habe ich fast nichts anderes getan, als zu unterrichten. Weit über tausend Workshops liegen hinter mir, mit Anfängern und alten Hasen, Marketeers und Ministerinnen, CEOs, Fernsehmachern. Mit Textern, Regisseuren, Ausstellungskuratorinnen und Strategen, mit StartUps, Konzernen, Medienhäusern und Stiftungen.

Ich habe diese Arbeit von Anfang an geliebt – aber erst in den letzten Jahren habe ich das eigentliche Geschenk verstanden, das sie mir gemacht hat: Ich durfte ein volles Jahrzehnt lang viele tausend Menschen dabei beobachten, wie sie auf Kreation reagieren. Auf die unzähligen Headlines, Facebook-Posts, Website-Texte, TV-Spots, Stories, Tweets, Kampagnenideen und Präsentationen, die in unseren Workshops entstanden sind.

Es müssen viele hunderttausend Reaktionen, neudeutsch Feedbacks, gewesen sein. Fast alle unbewusst, fast alle unscheinbar, fast alle von ihren Urhebern unbemerkt – aber alle von ungeheurer Präzision:
Eine leichte Neigung der Mundwinkel hier, ein seltsam gleichgültiger Tonfall dort, ein verrücktes Wort, eine unscheinbare Geste – und immer wieder das Schweigen im Raum, das bei der einen Headline konzentriert, bei der nächsten gleichgültig, bei der dritten wie ausgeknipst klang.

Ich habe Jahre gebraucht, all diese kleinen Regungen überhaupt als Feedback zu begreifen und noch länger, um zu verstehen: sie sind vielleicht unbewusst und unauffällig, aber eines sind sie niemals, wirklich niemals: zufällig.
Im Gegenteil: dieser leise, stetige Strom von Reaktionen auf allen verbalen und nonverbalen Ebenen war ein faszinierend präziser, schmerzhaft unbestechlicher Spiegel der Zeile, des Textes, der Idee, die wir gerade gesehen hatten.
Und immer trafen diese Reaktionen den Kern. Immer waren sie – wahr.

Ganz offensichtlich – das haben mich die Workshops gelehrt – haben wir alle die Fähigkeit, in Echtzeit zu erkennen, wie gut ein Satz, eine Idee, eine Story ist.
Ganz offensichtlich existiert in uns eine Denkmaschine von fast unerschöpflicher Tiefe und berauschender Geschwindigkeit. Eine Analysefähigkeit, die viel mehr Kategorien und Dimensionen umfasst, als unser rationales Denken je jonglieren könnte. Eine Erkenntnisfähigkeit, die zugleich unfassbar präzise ist und sich doch dem abstrakten Denken völlig entzieht.
Eine Stimme, die wir Intuition nennen.
Es ist die gleiche Stimme, die mich auf den Schlepper gebracht und durch viele Dutzend Pitches getragen hat.

Meine Workshops haben sich in diesen zehn Jahren unmerklich gewandelt: von Text-, Storytelling- oder Strategieworkshops inklusive einer Einführung zum Thema Intuition hin zu Intuitionsworkshops, in denen es dann auch um Text, Strategie oder Storytelling geht. Heute unterrichte ich in meinen Workshops vor allem den entscheidenden Moment des kreativen Prozesses: die Echtzeit. Den rätselhaften Augenblick, in dem wir viel mehr wissen, als wir eigentlich wissen können.

Je bewusster ich beobachtete, was sich im Seminarraum vor meinen Augen abspielte, desto mehr kam ich mir vor wie der Entdecker einer neuen Welt, die vor mir noch kaum jemand betreten hat. Mit dieser Begeisterung, mit diesem Entdecker-Stolz startete ich die Vorarbeiten für dieses Buch.

Ich hatte ja keine Ahnung, wie sehr ich daneben lag.

Ein paar Monate und etliche Bücherstapel später wusste ich nicht mehr, ob ich nur ernüchtert, schon frustriert oder doch lieber beglückt sein sollte: Jede einzelne meiner Entdeckungen, jede tiefe Erkenntnis, jede hart errungene Einsicht – sie alle sind immer schon da gewesen.
Bei Malcolm Gladwell, Immanuel Kant und Graham Wallas, bei Daniel Kahnemann, Sigmund Freud und Johannes Kepler, bei Gerd Gigerenzer und Plato und tausend anderen – und natürlich beim Intuitions-Großmeister des Abendlandes, Albert Einstein.

Alles, was ich weiß, habe ich in meiner Arbeit als Kreativer gelernt, direkt im Tun als Texter, Kreativdirektor und Dozent. Ich habe bis vor ein paar Monaten nie ein Buch über Kreativität oder gar Intuition gelesen.
Aber nichts, buchstäblich nichts von dem, was mir in vierzig Jahren kreativer Arbeit mühsam, Stück für Stück, Fehler für Fehler, Scheitern für Scheitern klar geworden ist, keine einzige meiner einzigartigen Erkenntnisse darüber, wie unsere Arbeit funktioniert, was ihre Hürden sind und wie ihre strahlenden Momente zustande kommen – nichts davon ist wirklich neu.
Jedes Puzzlestück war schon immer da, irgendwo da draußen.

Das war schwer zu schlucken: Meine grandiosen Entdeckungen waren gar keine.
Aber andererseits habe ich seitdem das Gefühl, die zentrale Botschaft dieses Buches nicht mehr ganz allein begründen und beweisen zu müssen: Intuition ist die kostbarste, wichtigste Kraft, die wir haben.
Inzwischen weiß ich: Einige der besten Köpfe der Menschheit geben mir Deckung.

ECHTZEIT, mein ganz persönlicher Blick auf den kreativen Prozess und die Rolle der Intuition in ihr, ist nur ein Anfang und wie alle Anfänge unvollständig und fehlerhaft – bei aller Leidenschaft für das Thema bin ich nicht verrückt genug zu denken, ich hätte es auch nur annähernd durchdrungen.
Und trotzdem glaube ich, dass Echtzeit helfen kann, den kreativen Prozess umfassender und tiefer zu verstehen:
Die Hindernisse, von der Angst vor dem leeren Blatt Papier bis zur Korrekturschleife, die mit guten Argumenten das letzte bisschen Zauber aus einem Text herauslöscht.

Und die Glücksmomente, in denen ein Wort, ein Satz, eine Geschichte einfach so zu uns kommen.
Und es kann helfen, die Hürden in der kreativen Arbeit mit einer neuen Leichtigkeit zu nehmen, die Frequenz der Glücksmomente deutlich zu erhöhen.

Alles, was wir dafür verstehen müssen, ist, dass nichts im kreativen Prozess Zufall ist. Nicht das Hindernis, nicht das Glück und nichts, was uns dazwischen scheinbar zufällig passiert. Wenn wir verstehen, woher beides kommt und wie beides entsteht, dann können wir beginnen, uns selbst und diesen Prozess wirklich zu führen, statt ihn in Nachtschichten oder fruchtlosen Meetings viel zu oft nur zu erdulden.

Beherrschen werden wir ihn nie, diesen Prozess, das liegt in der Natur der Kreativität. Kein Buch der Welt kann uns brillanter machen, als wir sind oder die Gnade des Augenblicks zu einem verfügbaren Gut machen wie Kaffeebohnen oder Papierhandtücher. Aber wir können ungeheuer viel dafür tun, dass unser kleines bisschen persönliche Brillanz, unsere leise Möglichkeit zu begnadeten Augenblicken sich so oft es geht verwirklicht. So dass am Ende das leere Blatt nicht nur nicht mehr leer ist, sondern mit Bedeutung, vielleicht sogar mit Schönheit gefüllt ist.
Wir brauchen nicht viel dafür.
Und von dem wenigen, was wir brauchen, ist Intuition das Wichtigste.

Was für ein Glück, denke ich heute manchmal, dass ich es damals gewagt habe, ihrem leisen Impuls zu folgen. Um mich dann wiederzufinden auf dem Oberdeck eines Schleppers in der Dämmerung einer Hamburger Sommernacht.

Hamburg, im Sommer 2021

Echtzeit

Ein einziger Augenblick kann so wertvoll sein
wie Monate rationaler Analyse.

MALCOLM GLADWELL

In der kreativen Arbeit (und im Rest des Lebens) gibt es immer wieder diesen seltsam klaren Moment, in dem wir Dinge einfach – wissen. Über Menschen und Headlines, darüber, welche berufliche Entscheidung die richtige ist und dass das Ende des Films irgendwie hinkt.

Ich nenne diesen Moment die Echtzeit.
Zum einen wegen ihrer Unmittelbarkeit. In der Echtzeit nehmen wir ohne Grund und Begründung buchstäblich zeitlos wahr. Zum anderen wegen ihrer verblüffenden Präzision. Was wir in der Echtzeit wahrnehmen ist tatsächlich »echt« – ungeschminkt, unbestechlich und unfehlbar wahr.

Das macht sie zum Schlüsselmoment aller kreativen Arbeit, denn in ihr spricht unsere vielleicht erstaunlichste Fähigkeit mit uns: die Intuition. In der Echtzeit hören wir ihre leise, rätselhafte und zugleich zutiefst vertraute Stimme. Hier – und nur hier – können wir wahrnehmen, was sie unbemerkt von uns erkannt und erschaffen hat.
Hier im absoluten Jetzt, in einem Moment so leise, flüchtig und wortlos, dass er fast immer übersehen oder wegargumentiert wird, steht uns die ganze immense Kraft der Intuition zur Verfügung – und damit nicht nur eine Denkgeschwindigkeit, Analysetiefe und Bewertungsfähigkeit, der wir uns bisher höchstens schemenhaft bewusst sind – sondern auch unsere einzigartige Fähigkeit, vollkommen Neues zu erschaffen.

Ohne Intuition wäre kreative Arbeit unmöglich – und die Echtzeit ist unser Zugang zu ihr.

Die Stille Zone

Wahre Intelligenz arbeitet im Stillen.

ECKHART TOLLE

Aber Intuition entsteht und wirkt in einem Raum, der für unser Bewusstsein unerreichbar ist. Dieser Raum ist die eigentliche, rätselhafte Blackbox des kreativen Prozesses:
Die Stille Zone.
Wir haben keinen direkten Zugang zu ihr, können sie nicht direkt beobachten oder analysieren. Was wir aber beobachten können – und genau das geschieht in der Echtzeit – ist, was die Intuition in der Stillen Zone hervorbringt: Ideen und Wahrnehmungen, wortlose Erkenntnisse, grandiose Bilder, berührende Sprache. Diese Ergebnisse erlauben uns verblüffend genaue Rückschlüsse auf die Kräfte und Fähigkeiten, die in der Stillen Zone so offensichtlich und doch unsichtbar wirken.

So können wir beginnen zu verstehen, was immer noch rätselhaft ist:
Kein kreativer Mensch kann wirklich erklären, woher seine Ideen kommen. Natürlich: es gibt viele Faktoren, deren Spuren man in einer neuen Schöpfung erkennen kann: Vorgedanken, Inspirationen, ein Briefing voller Informationen. Es gibt Erfahrung und Wissen und Fähigkeiten und Neigungen des Kreativen.
Aber der Moment, in dem der Funke überspringt, die Puzzleteile sich zu etwas Neuem fügen, der Moment, in dem alles für eine lichte Sekunde endlich Sinn macht und zueinander passt – dieser Augenblick der Idee, des Heurekas, des Geistesblitzes ist und bleibt unerreichbar geheimnisvoll. So geheimnisvoll, dass viele Kulturen ihn nur mit übernatürlichen Kräften oder göttlichem Eingreifen erklären konnten. So weit werden wir nicht gehen, aber der Begriff »Stille Zone« deutet bereits an, dass hier ein zentrales Rätsel der kreativen Arbeit liegt.

Dabei ist es ganz gleich, um welche Art von Kreation es sich handelt, um Schuberts Winterreise oder Back in Black von AC/DC, das Empire State Building oder den Sterbenden Schwan, den Herr der Ringe oder Guernica. Musiker, Maler, Dichter, Architekten, Choreographen, alle berichten davon, dass die eigentliche Idee »plötzlich da war«. Kreation entsteht in dieser Sphäre, die vollkommen »wir selbst« ist und zugleich vollkommen außerhalb unserer Kontrolle liegt. An diesem Ort, der nur uns gehört, aber nicht im Geringsten auf uns hört. Einem Bereich ohne Begründung und ohne Denken, den gerade seine Schutzlosigkeit und Offenheit einzigartig macht. Deshalb fühlen wir so deutlich: diese Schöpfung ist ganz und gar meine! Und stehen im selben Moment staunend, manchmal fassungslos vor dem, was wir gerade eben ... – eben nicht gemacht, geplant, produziert haben, sondern was tief in uns, außerhalb unserer Macht entstanden ist. So fühlt es sich wenigstens an. In den Worten von Carole King, eine der erfolgreichsten amerikanischen Songwriterinnen: »Meine Kreativität ist ein ganz und gar eigenständiges Wesen.«

Sogar Wissenschaftler und Forscher berichten von der Stillen Zone und dem Moment, in dem sich in dieser Zone plötzlich ein Zusammenhang enthüllt, eine Erkenntnis geformt, eine Formel vollendet hat: Bei Isaac Newton fiel in ihr ein Apfel, bei Charles Darwin wirkte sie während einer Kutschfahrt, bei August Kekulé war die Stille Zone buchstäblich ein Traum, und immer war am Ende etwas Neues in der Welt, etwas, das so noch nie jemand geschaut und erfasst hat: Gravitation, Evolution, das Benzol-Molekül. Vielleicht ist das keine Kreation im engeren Sinn, aber das Erlebnis selbst ist von den Eingebungen der großen Kreativen nicht zu unterscheiden.

Der Weg

Unser Ziel ist kein Ort, sondern eine neue Art, die Dinge zu sehen.

HENRY MILLER

Um Intuition und ihr Wirken in der Stillen Zone zu verstehen werden wir uns intensiv mit der Echtzeit beschäftigen, ihrer sichtbaren, hörbaren, fühlbaren Außenseite.
Das Gute an der Echtzeit: sie ist überall. Sie erscheint nicht nur bei Kreativen und Künstlern, auch Nobelpreisträger und Philosophen erleben sie. Vor allem aber ist sie präsent bei den Praktikern, den Menschen, die jeden Tag und ganz selbstverständlich Intuition wahrnehmen und einsetzen. Die ohne Nachdenken Entscheidungen treffen, bei denen ihr Erfolg, ihre Karriere, ihre Unternehmen, manchmal sogar ihr eigenes Leben (oder das Leben anderer) auf dem Spiel stehen. Aber nicht nur das: Sie treffen diese Entscheidungen völlig unbeeindruckt davon, dass sie keine Erklärung dafür haben, worauf genau sie gerade blind vertrauen.
Ergänzen werden wir das mit Erkenntnissen, die die Wissenschaft, insbesondere Biologen und Kognitionsforscher inzwischen über Intuition gewonnen haben.

Unser Ziel: Ein neues Verständnis von Intuition, das umfassender, tiefer und konkreter ist als bisher.
Mit diesem neuen Verständnis können wir einen Kreativprozess entwickeln, der Intuition gezielter und vor allem bewusster als das einsetzt, was sie ist und sein muss – das zentrale Werkzeug unserer Arbeit.

Dieser neu verstandene Kreativprozess räumt – wenn wir ihn konsequent anwenden – die klassischen Hürden, Fehler und Sackgassen in der kreativen Arbeit beiseite und sorgt dafür, dass wir uns auf das konzentrieren können, worum es eigentlich geht: neue, wirksame Ideen zu erschaffen.

Im Zentrum stehen drei einfache Thesen:

Intuition ist Herz und Motor des kreativen Prozesses.
Sie wirkt in der Stillen Zone.
In der Echtzeit haben wir Zugang zu ihr.

Homo Creativus

I

Erkenne
dich selbst.

DAS ORAKEL VON DELPHI

Kopf gegen Bauch, gute Gründe gegen vages Gefühl, Analyse gegen Intuition: diese Schlacht ist meist schon entschieden, bevor sie beginnt. Wer in der kreativen Arbeit, sei es im Team, im Konferenzraum oder im eigenen Kopf etwas einfach nur brillant oder naja findet, ohne es begründen zu können, ist dem ersten rationalen Gegenargument hilflos ausgeliefert und verliert spätestens beim dritten die Schlacht um die richtige Entscheidung. Gern auch gegen sich selbst.

Aber was, wenn diese Schlacht völlig unnötig ist, sogar absurd?
Was, wenn wir sie hier und jetzt beenden könnten?
Was, wenn wir sie überhaupt nur deshalb kämpfen, weil wir nicht verstehen, dass Kopf und Bauch, diese unerbittlichen Gegner in unseren Köpfen und Konferenzräumen, in Wahrheit gar keine Gegner sind – sondern die beiden Kräfte, aus denen Kreation überhaupt erst entsteht?

Um diese Kräfte zu verstehen, werden wir an den Ursprung unserer Spezies zurückkehren, uns mit Management-Theorie beschäftigen und dem Garten Eden. Wir werden Antike Philosophie streifen, die BILD-Zeitung, Kryptologie, Harry Potter und Bachs Johannespassion. Vor allem aber werden wir über uns selbst nachdenken, diese großartige, zerrissene, geniale, so seltsam verlorene Spezies namens Homo Sapiens, ihre Abgründe und ihre unfassbaren Möglichkeiten.

Warum diese Umwege? Weil sie keine sind:
Solange wir die Kräfte in uns nicht bis ins Letzte verstehen,

bleiben wir verdammt dazu, sie gegeneinander in die Schlacht zu schicken. Jeden Tag aufs Neue.

Das Ergebnis dieser Schlacht sind nicht nur endlose Meetings, inhaltsleere Präsentationen und Millionen kleiner und großer falscher Entscheidungen. Das Ergebnis ist vor allem immer wieder mittelmäßige Kreation: generische Banner, nichtssagende Claims, Radiospots, denen wir von der zweiten Sekunde an nicht mehr zuhören. Das Ergebnis sind Reden, TV-Spots, Spielfilme, Bücher, Blogs, die wir »ganz ok« finden, nur um sie eine Sekunde später bereits vergessen zu haben. Das Ergebnis sind Songs, die nicht nachklingen, Gebäude, die nichts ausstrahlen, Bilder, die uns kalt lassen.

Aber wenn wir diese beiden Kräfte verstehen, dann brauchen wir, dann werden wir sie nicht mehr gegeneinander hetzen. Dann endlich, kann unsere eigentliche Arbeit beginnen:
Diese Kräfte erst in Balance und dann zum Spielen zu bringen.

Denn darum geht es in diesem Buch:
Ein neues Verständnis zu schaffen für diese beiden Kräfte, für Analyse und Intuition.
Aus ihrem Verständnis folgt wie von selbst eine neue Sicht auf den kreativen Prozess als dem lebendigen Spiel der beiden Kräfte. In diesem Spiel wird es möglich, unser ganzes kreatives Potenzial zu entfalten.

Und obwohl wir uns deutlich mehr mit der intuitiven, schöpferischen Kraft beschäftigen werden als mit der analytischen (denn erstere ist es, die wir kaum verstehen), liegt mir nichts ferner, als einfach nach der jahrhundertelangen Herrschaft des Rationalen nun das Zeitalter der Intuition auszurufen.
Im Gegenteil. So einseitig und zerstörerisch die ungebändigte Herrschaft des Rationalen auch ist: jetzt alles auf das reine Gefühl, den puren Bauch, das Unbedachte, Unbegrenzte, Unklare zu setzen, würde am Ende nur zu genau der Schlagseite führen, aus der dieses Buch einen Ausweg zeigen will, nur eben zur anderen Seite hin.

Nein, wir suchen Spiel.
Das Spiel, das Albert Einstein und Steve Jobs, Johann Sebastian Bach und Antoni Gaudi, Lennon/McCartney, Hermann Hesse und all die anderen großen Menschen-Erreicher immer gespielt haben.
Das magische Spiel, das die Klarheit, Präzision und Brillanz unseres analytischen Geistes mit der träumerischen, lebendigen, spontanen Kreativität unseres intuitiven Geistes spielen kann.

Spiel bedeutet eben nicht: einer gewinnt. Es bedeutet: gemeinsam versunken sein, wie wir es als Kinder waren, wenn wir Baumhütten zimmerten, Sandburgen buddelten, ganze Universen aus Lego erschufen.
Was ist ein schöner Text ohne einen starken Gedanken? Ein brillanter Insight ohne eine berührende Geschichte, die ihn erzählt?

Wenn beide Kräfte miteinander spielen, kann etwas Besonderes entstehen. Etwas, das keiner von beiden alleine hätte erschaffen können. Etwas, das andere aufblicken lässt.
Spiel also.
Es will klarköpfig und versunken gespielt sein, diszipliniert und träumerisch, präzise und offen für das Unerwartete.
Wenn uns das gelingt, dann entstehen sie, die Ideen, die eine innere Stimmigkeit, eine ganz eigene Lebendigkeit besitzen und uns deshalb berühren, bewegen, sogar ausbilden. Ideen, die wir gleichzeitig verstehen und fühlen.
Die vollkommen neu sind und sich doch oft so alt anfühlen, als wären sie schon immer da gewesen.
Dann hat das Spiel sein Ziel erreicht: Kreation wie sie sein soll.

Um dieses Spiel verstehen und spielen zu können, werden wir dort beginnen, wo alles schief geht, wo die alte Schlacht »Analyse gegen Intuition« Tag für Tag tobt.

Bei uns selbst.

Die Einzigen ihrer Art

Das eigentliche Studium der Menschheit ist der Mensch.

ALEXANDER POPE

Seitdem sie es kann, grübelt, staunt und wundert sich die Menschheit über sich selbst. Dichter und Philosophen, Theologen und Ideologen aller Kulturen haben versucht, die eine Formel zu finden, die uns definiert. Sind wir der Homo Oeconomicus? Homo Spiritualis? Homo Deus? Jahrtausende der Selbstbespiegelung liegen hinter uns und es sieht nicht danach aus, als ob wir in naher Zukunft die eine, endgültige Antwort finden werden.

Nichts wäre deshalb leichter, als diese Suche als typische Beschäftigung einer Spezies anzusehen, die auch ansonsten mit reichlich viel Ego gesegnet ist – oder wie sonst kommt die letzte überlebende Gattung der Menschenaffen, der »Hominiden« darauf, sich selbst als »Sapiens«, als »weise« zu feiern, Krone der Schöpfung gar? Jedes Geschichtsbuch, jede Nachrichtensendung ist ein ziemlich überzeugendes Plädoyer für das Gegenteil.

Aber es ist nicht unsere Eitelkeit, die diese Suche nach uns selbst antreibt. Es ist in Wahrheit die Fassungslosigkeit darüber, wie ungeheuerlich einzigartig wir tatsächlich sind. Wir können Dinge tun, wissen, denken, erkennen, vollbringen, die kein anderes Wesen auf diesem Planeten kann. Und das ist nicht nur als Kompliment gemeint. Denn wir sind beides, die Sixtinische Kapelle und Auschwitz, Mondflug und pazifischer Müllstrudel, Quantenphysik und Eifersucht.
Wir sind – bei allem was uns mit unseren Vorfahren im Stammbaum der Evolution verbindet, nicht einfach nur ein neues Tier – wir sind ganz und gar anders als alle anderen Tiere.

Wir sind die, die es noch nie gegeben hat.

Das wissen, das fühlen wir zutiefst.
Wer aber sind wir?
Eine Frage, die auch dieses Buch nicht beantworten kann, dafür ist der Mensch zu komplex, zu rätselhaft, nach wie vor. Aber es gibt in unserer wahnwitzigen, irrlichternden Mischung aus Brillanz und Verlorenheit

eine Konstante. Eine Fähigkeit, die uns von allen anderen Spezies unterscheidet.

Wir sind Schöpfer.
Wir sind der Homo Creativus.

Von den ersten Höhlenmalereien über die bunt behängten Wände in Kindergärten bis zum Louvre, vom Gilgamesh-Epos über die WhatsApp-Nachricht bis zu Tausendundeiner Nacht, von der Chinesischen Mauer über Minecraft-Burgen bis zur Silhouette Manhattans. Wir erschaffen.

So umfassend und allgegenwärtig ist dieser Wesenszug, dass uns oft gar nicht mehr bewusst ist, dass und wann er am Werk ist: Wir erfinden Gute-Nacht-Geschichten und Ausreden, kritzeln in langweiligen Sitzungen ganze Blöcke voll und denken uns neue Moves für den Torjubel aus, wir entwerfen Vogelhäuschen, Verkehrsinseln, Raumstationen. Wir tun es die ganze Zeit. Nichts ist natürlicher, allgegenwärtiger, offensichtlicher.

Aber zugleich ist diese Fähigkeit zutiefst rätselhaft, denn am Ende des Kreativ-Seins steht immer etwas – Neues. Etwas, das es niemals zuvor gegeben hat, entstanden in der Stillen Zone:
Ein Pasta-Rezept. Eine Symphonie. Ein Limerick. Der Petersdom.

Warum sind wir kreativ? Warum besitzen wir diese Fähigkeit?
Vielleicht ist sie ein Abfallprodukt der Evolution, zufällig, sinnlos, ohne Ziel. Vielleicht, das ist meine Lieblings-Erklärung, manifestiert sich in ihr die Sehnsucht des Universums, sich selbst zu erkennen, seine Schönheit gespiegelt zu sehen in den Werken bewusster Wesen wie uns.
Vielleicht wollen wir aber auch nur unsere kreatürliche Angst vor der Leere des Kosmos und der Unvermeidbarkeit des Todes niederringen mit diesem flüchtigen Zipfel Ewigkeit, den wir erhaschen, wenn wir etwas erschaffen, das uns vielleicht überleben wird.

Wir wissen es nicht.
Nur eines ist offensichtlich:

Die, die es noch nie gegeben hat, erschaffen Dinge, die es noch nie gegeben hat.

Das unverstandene Wunder

Felsbrocken hören auf, Felsbrocken zu sein, wenn sie jemand mit der Idee einer Kathedrale im Kopf betrachtet.

ANTOINE DE SAINT-EXUPÉRY

Wenn wir also wirklich der Homo Creativus sind, wenn uns die Fähigkeit, Neues zu erschaffen auszeichnet, dann ist es erstaunlich, wie wenig wir noch immer über den kreativen Prozess wissen. Wie oft wir es hinnehmen, halbgare, mittelmäßige Ergebnisse zu produzieren. Wie sehr der Zufall unvermeidbarer Teil des Schöpferischen zu sein scheint. Wie sehr die Räume und Prozesse, in denen »der Funke überspringt«, für uns Terra Incognita sind – unbekanntes Land.

Erstaunlich ist das allein schon deshalb, weil uns das Schöpfer-Sein so viel Glück schenkt, besser: schenken könnte, wäre der Weg zum Ergebnis nicht so mühsam, erratisch, scheinbar unberechenbar. Etwas zu erschaffen schenkt uns ja eine Art der Freude, die einzigartig ist: nichts anderes pumpt diese Mischung aus leise glucksender, wortloser Fröhlichkeit, egomanischem Stolz (»Das habe ICH gemacht!«) und unerwarteter Demut (»Das habe ich gemacht?«) durch unsere Gefühlswelt, wie eine Idee.
Und dann stehen wir da, leicht verstrahlt grinsend, vor dem windschiefen Vogelhäuschen oder der perfekten Headline und wollen dieses Glücksgefühl öfter haben. Viel öfter. Wenn wir nur wüssten, wie.

Erstaunlich ist unser Unwissen über Kreativität außerdem, weil sie ganz offensichtlich die einzige Kraft ist, die zur Weltrettung taugt, nachdem die Unterwerfung des Planeten, Geldgier, Herrschsucht und ganz allgemein das menschliche Ego sich als achtspuriger ›Highway to Hell‹ herausgestellt haben. Wenn die Menschheit überhaupt eine Chance hat, die nächste Jahrhundertwende in einigermaßen passablem Zustand zu erreichen, dann nur mit Ideen, die so ungewöhnlich sind, dass wir sie heute noch nicht einmal ahnen können.

Erstaunlich – und zunehmend riskant – ist das Rätsel, das unsere Kreativität umgibt schließlich, weil zu den von uns erschaffenen »Dingen, die es noch nie gegeben hat«, inzwischen Maschinen, Computer und ihre körperlosen Herrscher, die Algorithmen, gehören. Und wir haben noch keine Idee, wer in 30 Jahren die Nase vorn haben wird – wir oder sie.

Es ist schon heute eine Binsenweisheit, dass immer intelligentere Maschinen und Systeme immer mehr höhere Tätigkeiten besser erledigen werden als wir Menschen. Banker wissen das bereits, Juristen und Ärzte werden es bald erfahren. In dem Maße, wie reale und virtuelle Maschinen Tätigkeiten in Perfektion beherrschen, in denen wir nur »gut« sind, wird immer deutlicher werden, worin das eigentlich Einzigartige derer besteht, »die es noch nie gegeben hat«. Und es ist ganz bestimmt nicht das Ausfertigen standardisierter Leasingverträge oder das Prüfen der Konzernbuchhaltung.
Es ist Kreativität.
Deshalb müsste es eigentlich höchste Priorität haben, Kreativität in der Tiefe zu verstehen, weil es nicht mehr lange dauern wird, bis sie die einzige Fähigkeit sein wird, die wir den von uns erschaffenen technologischen Wesen voraushaben.

Nicht nur Berufsvisionäre wie Googles Chefingenieur Ray Kurzweil oder Tech-Ikone Elon Musk, auch viele Wissenschaftler gehen davon aus, dass wir nicht mehr sehr lange die Krone der Schöpfung sein werden, jedenfalls was das Thema Intelligenz angeht. Kurzweil nennt den Moment, an dem Künstliche Intelligenz von menschlicher nicht mehr zu unterscheiden ist (bis auf die Tatsache, dass sie millionenfach leistungsfähiger sein wird), die »Singularität« und sagt ihr Eintreten für ungefähr 2045 voraus.
Das sorgt gerne mal für Endzeitstimmung im Feuilleton, weil wir unbemerkt und unreflektiert immer geglaubt haben, Intelligenz sei das, was uns unter allen anderen Spezies auszeichnet.
Wir werden sehen: Sie ist es nicht. Jedenfalls nicht allein.

Es stimmt: ohne Intelligenz gäbe es den Homo Creativus nicht. Aber Intelligenz ist nur die eine unverzichtbare Seite unserer Einzigartigkeit, nur ein Teil des Rätsels namens »Kreativität«. Wenn uns Maschinen und Algorithmen in Analyse, Datenverarbeitung, Deduktion überholen, dann werden wir als Spezies noch lange nicht überflüssig. Unsere analytische Intelligenz, auf die wir so stolz sind, ist nicht das alleinige Wunder unserer Existenz. Dass wir das tatsächlich immer noch glauben, ist eines der vielen Zeichen dafür, wie wenig wir uns selbst und Kreativität verstehen.

Die Wissenschaft hat sich inzwischen intensiv mit Kreativität beschäftigt und damit wie sie »funktioniert«. Aber die Vielzahl der Modelle, Denkschulen, Studien und Meta-Studien durchzieht gedanklich und sprachlich ein seltsamer Hauch von Ratlosigkeit, verborgen hinter abstrakten Begriffen, von denen man nicht weiß, ob sie Erkenntnisse bergen oder nur ihr Fehlen verbergen sollen.

Aber das kann auch gar nicht anders sein und markiert kein Versagen der Wissenschaft. Der schöpferische, kreative Moment ist ein Rätsel gerade deswegen, weil er sich so weitgehend in der Stillen Zone abspielt, ermöglicht und angetrieben von Kräften, die sich rationalen, wissenschaftlichen Kategorien beharrlich entziehen.

Wir werden uns dem ungreifbaren schöpferischen Moment, dem Werden von Kreation über seine Ergebnisse nähern, über das Gewordene, die fertige Kreation.

Und stoßen sofort auf eine scheinbar einfache, auf den zweiten Blick aber verblüffend komplexe Frage:
Was genau ist Kreation?

Was ist Kreation?

Das Universum ist nicht aus Atomen gebaut, sondern aus Geschichten.

MURIEL RUKEYZER

Es gibt so viele völlig unterschiedliche Erscheinungsformen von Kreation, dass es unmöglich scheint, sie unter einer einzigen Definition zu fassen, außer in Wikipedia-Allgemeinplätzen wie: »Kreation ist das Ergebnis von Kreativität – unserer Fähigkeit, etwas zu erschaffen, das neu oder originell und dabei nützlich oder brauchbar ist.« Definitionen, die so ungefähr daherkommen, dass sie gleichzeitig nicht widerlegbar und nutzlos sind.

Ich glaube, in Kommunikation (und Kunst) lässt sich die Frage »Was ist Kreation« einfacher und präziser beantworten:
Kreation ist lebendige Information.

In diesen scheinbaren Gegensatz sind die zentralen Eigenschaften von Kreation gefasst: die Tatsache, dass Kreation uns immer Informationen vermittelt – und das Phänomen, dass Kreation weit über die Informationen hinaus etwas mit uns macht, in uns bewegt.
Der kreative Prozess selbst ist der Vorgang der Übersetzung von Informationen in Kreation. Durch diese Übersetzung werden Informationen lebendig und entfalten kommunikative Kraft – und Wirkung auf uns.
Was hier scheinbar theoretisch klingt, erleben wir alle jeden Tag: Bilder, Stories, Sätze die – mal gelungen mal nicht so gelungen – Informationen übersetzt haben.

Ein paar Beispiele:

Als Esso in den 60ern zum ersten Mal den »Tiger im Tank« verkaufte, hat das Wort »Tiger« die Information »leistungsfähiger Kraftstoff mit hoher Energiedichte« in eine Metapher übersetzt, die uns noch intensiv beschäftigen wird.

Als 2018 ein stark unterzuckerter Rapper vor Erschöpfung so sang (und aussah) wie Elton John, war das ein weiteres treffsicheres Bild für die Information, die Snickers uns seit Jahren erfolgreich vermittelt: »Du bist nicht Du, wenn du hungrig bist.«

Apple hat die Information, welche Art Mensch sich einen Apple-Computer kaufen sollte, jahrzehntelang in einem starken Claim übersetzt: »Think different«. Menschen, die anders denken. Natürlich hat sich nicht nur die gesamte kreative Klasse davon angesprochen gefühlt ...

Sony übersetzte in seinem legendären Werbespot von 2009 die Information: »Bravia TV-Geräte bieten unerreicht brillante, lebendige Farbwiedergabe ›... like no other‹« in ein bis heute spektakuläres Bild: Hunderttausende bunter kleiner Gummibälle fluten wie farbige Wellen die Straßen von San Francisco.

1954 ritt der Marlboro Man zum ersten Mal einsam durch die Prärie und erschuf mit diesem ikonischen Bild beinahe ein halbes Jahrhundert lang eine fast magische Übersetzung für die Information »die männlichste Zigarettenmarke«.

Spotify brachte 2016–18 immer wieder Nutzungsdaten seiner User auf Plakatwände: »An die Person, die am Valentinstag 42 mal ›I'm sorry‹ gespielt hat: Was hast du angestellt?« oder »Liebe 3.749 Menschen, die am Tag der Brexit-Abstimmung ›It's the end of the world as we know it‹ gehört haben: Haltet durch!« Das war eine ebenso lustige wie überraschende Übersetzung der Information, dass Spotify (im Gegensatz zu Radio) für absolut individuelle, persönliche Musikauswahl steht.

Rollerskatende (und auch ansonsten coole) Babys haben 2009 die Information »Evian hält mit seinem ausgewogenen Mineralstoffgehalt deinen Körper jung« in ungesehene Bilder übersetzt.

Dieses Prinzip, die Übersetzung von Information in Kreation lässt sich auch in der Kunst immer wieder beobachten:

Wenn Bach am Beginn der Johannes-Passion die Streicher in wogenden Figuren über einen immer gleichen Basston kreisen lässt, durchzogen von ineinander verschlungenen, klagenden Oboen, übersetzt dieser Klang des Orchesters die Information »... und die Erde war wüst und leer und Finsternis lag auf der Tiefe« aus dem 1. Buch Mose in ein musikalisches Gemälde.

Als Shakespeares dunkler Held »Macbeth« von einer unwahrscheinlichen Koalition all derer bezwungen wird, die er auf dem Weg zur Macht geknechtet, vertrieben und ins Elend gestoßen hat, übersetzt das Schwert in seiner Brust am Ende der letzten Schlacht die Information: »Alles was du unterwegs tust, kehrt am Ende zu dir zurück« in eine menschlich wahre, erschütternde Szene.

Das Gleiche gelingt Picasso mit seinem Gemälde »Guernica«, auf dem schreiende, zerschmetterte Menschen und Kreaturen in nüchternem schwarz-weiß über die Leinwand taumeln. Er fand für die Information »Der Schrecken des Krieges« eine noch nie gesehene visuelle Übersetzung.

In der ikonischen Wellenform der Hamburger Elbphilharmonie, 2001 in wenigen inspirierten Augenblicken von Jacques Herzog auf eine Serviette skizziert, wird die Information »Hamburg ist geprägt von Wasser und Wellen« in Architektur übersetzt.

Das erste, was diese Beispiele zeigen ist: »Information« kann tatsächlich alles sein, nicht nur ein (behaupteter) Fakt oder eine (wahre) Tatsache. »Information« kann auch eine Haltung sein, eine Weisheit, ein Mythos, eine soziale oder psychologische Erkenntnis und tausend andere Dinge, denn »Information« ist in Kommunikation nicht etwa »Das, was sachlich richtig ist« (sonst gäbe es sehr viel weniger Werbung), sondern »Das, was ich kommuniziere«:
Produkt-Leistung (Sony, Esso), Alles Verhalten hat Folgen (Macbeth), Gruppenzugehörigkeit (Apple), den Anbeginn der Schöpfung (Johannespassion), Männlichkeit (Marlboro), den Schrecken des Krieges (Guernica), Hält dich jung (Evian), Konzerthaus für eine Stadt am Wasser (Elbphilharmonie), Hungrige Menschen sind nicht sie selbst (Snickers).

Das zweite, was hier deutlich wird, ist, dass Information allein offensichtlich nicht ausreicht.
Die rasche Gegenprobe geht nicht gut aus, weder für Eltern noch für Werber.
Erzählen uns Eltern: »Dein Verhalten hat Folgen!« gehen wir gern in bockige Verteidigungsstellung. Behauptet ein Unternehmen: »Dieses Wasser hält Dich jung.« wenden wir uns – augenrollend »Werbung« murmelnd – ab. Selbst wenn uns eine coole Computer-Company aus Kalifornien zunickt: »Du bist doch auch einer von diesen kreativen Köpfen!« ist das offensichtliches Honig-ums-Maul-schmieren und damit ebenso unsympathisch wie unglaubwürdig.
Natürlich sind diese Informationen weder wertlos noch uninteressant – ganz im Gegenteil, sie sind die kluge Hälfte des Ganzen. Aber eben nur die eine Hälfte.
Was fehlt, ist die andere Hälfte. Kreation – oder die Idee »Wie ich es kommuniziere«.
Denn das »Wie«, also die Übersetzung entscheidet darüber, ob ich das »Was« überhaupt an mich heranlasse und am Ende vielleicht sogar annehme.
Genau das zeigen die Beispiele: dass das »Wie« etwas Entscheidendes zu der Information hinzuaddiert. Aber was? Und was hat das mit »lebendig« zu tun?

Erreichen und berühren

Die Aufgabe von Kreation ist es, Informationen so zu vermitteln, dass sie uns erreichen.
So weit, so offensichtlich.
Mit »Erreichen« ist natürlich nicht die bloße Präsentation der Informationen gemeint. Wären wir Menschen auf diese Weise erreichbar, müssten sich Kreative nicht durch Nachtschichten und Abstimmungsrunden quälen, sondern würden einfach Bulletpoints auf Plakate drucken, Excelsheets im Radio verlesen lassen und Powerpoint-Präsentationen ins Web stellen – fertig.

In Kunst und Kommunikation geht es um eine ganz andere Art von »Erreichen«. Die Art, die uns vor einem Gemälde festnagelt, zwischen Kopfhörer fesselt, an den Bildschirm saugt, die uns nur sehr widerwillig aus einem Buch, einer Serie, einem Podcast auftauchen lässt. Die Art von Erreichen, die aus TV-Spots virale Hits macht, und uns bei Werbespots zu Tränen rührt – obwohl sie von Super- oder Baumarktketten (Edeka, »Heimkommen«; Hornbach, »Gothic Girl«) und Whiskey-Destillern (Johnny Walker, »Dear Brother«) kommen.

Allein diese wenigen Beispiele zeigen, dass »Erreichen« eigentlich zu kurz greift. Dass es ja nur die grundsätzliche Anforderung an alle Kommunikation ist, eine Selbstverständlichkeit, sozusagen.
Echte Kreation schafft viel mehr:
Sie schafft es, uns zu berühren.

Dass das so ist, wissen wir alle.
Warum das wichtig, ja, zentral ist, sollte offensichtlich sein:
Berührt werden ist der Anfang aller Wirkung.
Je mehr uns Kommunikation berührt, desto höher ist unsere Bereitschaft, Dinge neu zu sehen, unser Denken zu ändern, Informationen an uns heran-, uns auf etwas einzulassen und am Ende sogar – der heilige Gral aller Kommunikation – etwas zu tun, das wir vorher nicht getan hätten. Hausboot-Urlaub machen. Unseren Müll trennen. Finnisch lernen.

Wie Kreation es schafft, Informationen so zu vermitteln, dass sie uns berühren, darauf gibt es eine Menge oberflächliche Antworten, die alle in ungefähr dieselbe Richtung zielen: »Die Idee ist halt sehr emotional«, »Der Film drückt eben die richtigen Knöpfe« oder »Katzen gehen immer«. Das sind in Wahrheit natürlich gar keine Antworten, sondern Zirkelschlüsse nach dem Motto »es berührt, weil es berührt.«

Genau hier, in diesem zugleich offensichtlichen und fast immer übersehenen Rätsel, wie und warum Kreation uns berührt, wird der Begriff »lebendig« zentral.

Analogie

Wir sind von Anfang an lebendige, sinnliche Kreaturen. Lange bevor es Geist und Gedanken gab, lange vor Sprache, Höhlenmalerei und Beschwörungsgesängen haben wir die Welt, in der wir leben, gehört, gerochen, gefühlt – und vor allem gesehen.

Deshalb sind wir mehr als alles andere Bilderwesen – nicht nur, weil wir fast 80 % unserer Sinneseindrücke über die Augen aufnehmen. Die Macht der Bilder in und über uns ist viel grundsätzlicher, als es uns bewusst ist. Wir sehen Bilder nicht nur, wir denken und fühlen sie, wir leben in ihnen, tagsüber und nachts in unseren Träumen. Wer uns erreichen und berühren will, der muss das über Bilder tun.
Der erste grundsätzliche Schritt, den alle Kreation macht, ist denn auch tatsächlich die Verwandlung von Information in Bilder.

Die einfachste Ebene, auf der dies geschieht, ist die Abbildung.
Sie wirkt schnell, direkt und ist bereits verblüffend mächtig, denn was ist die Information »die neue Mercedes S-Klasse ist da« inklusive der Liste aller Features gegen ein Hochglanzfoto der Limousine in voller Fahrt. Was ist die Beschreibung eines Skigebietes samt Aufzählung der roten und schwarzen Pisten gegen ein Video von Skiläufern, die vor majestätischer Bergkulisse durch Tiefschnee wedeln. Was ist das Rezept von Snickers gegen die Großaufnahme seiner Erdnuss-, Karamel- und Schokoladeschichten.

Auf dieser einfachen Ebene sagt jedes Bild tatsächlich mehr als tausend Worte – Information wird Bild.

Kreation, wirkliche Neuschöpfung ist das alles noch nicht, auch wenn es bereits hier eine große Spannbreite gibt von banaler bis brillanter Darstellung.

Aber Bilder als Abbildungen sind nur kleine Böen am Rand des Bildersturms, der in jedem einzelnen Moment durch unseren Geist fegt. Der eigentliche Sturm besteht aus Bildern höherer Ordnung:
Den Analogien.
Auf den ersten Blick scheint der Unterschied zwischen Abbildung und Analogie gering.
Eine Abbildung zeigt »dies ist das«: dies ist das Auto, der Schokoriegel, die Zigarette, der Bildschirm.
Eine Analogie dagegen zeigt »dies ist WIE das«: die Zigarette ist männlich wie der Marlboro Man, das Benzin kraftvoll wie ein Tiger, der Bildschirm so farbenprächtig wie hunderttausend bunte Bälle.
Aber zwischen diesen beiden Formen von Bildern liegen in Wahrheit Welten. Gegen den Reichtum und die Komplexität einer Analogie wirkt die reine Abbildung wie ein Strichmännchen gegen ein Rembrandt-Gemälde.

Unsere Fähigkeit, Analogien wie z. B. »Wenn Du hungrig bist, wirst Du zum Schnulzensänger«, oder »dieser Kraftstoff ist wie ein Tiger« (oder »eine Analogie ist wie ein Rembrandt-Gemälde«) zu bilden, wirkt alltäglich und nicht weiter aufregend – aber nur deshalb, weil wir es buchstäblich unablässig tun. Allein die Tatsache, dass wir blitzschnell eine stimmige Analogie aus der schier unendlichen Menge möglicher Kandidaten ausgewählt haben, ist mindestens verblüffend. Dahinter steht ein spektakulär komplexer mentaler Prozess, den die Wissenschaft erst jetzt zu verstehen beginnt.

Douglas Hofstadter und Emmanuel Sander zeigen in »Analogie«, dass unser gesamtes menschliches Denken überhaupt erst entstehen konnte durch unsere Fähigkeit, Analogien zu bilden oder besser: Analogien zu entdecken, durch ein »mentales Funkeln« unterhalb des Bewusstseins, wie die Autoren es nennen.
Das ist deshalb mental spektakulär komplex, weil das Finden der richtigen Analogie unmöglich wäre, ohne den inneren Kern einer neuen Situation,

eines neuen Dinges, eines neuen Phänomens zu begreifen – und genau das tun wir.
Wir erfassen den Kern. Und dann greifen wir in unglaublicher Geschwindigkeit auf das Assoziative Netzwerk all unsere gespeicherten Erlebnisse, Erfahrungen, Bilder, Gefühle, Geschichten, Situationen, kurz, auf unser gesamtes Leben zurück. Und setzen das Neue in Beziehung dazu.
Fertig ist die Analogie.

Die scheinbare Einfachheit von Analogien wie »es traf mich wie ein Schlag« täuscht darüber hinweg, was im nichtbewussten Teil unseres Denkens gerade geleistet wurde:
Es hat in unfassbarer Geschwindigkeit die verborgenen inneren Berührungspunkte, Verbindungen und Beziehungen zwischen sehr unterschiedlichen Dingen oder Situationen erkannt – und benannt.
Das Ergebnis: wir erkennen die innere (auch physische) Ähnlichkeit zwischen einer schlechten Nachricht und einem Faustschlag, so wie wir ganz unmittelbar die Analogie zwischen Glück und dem siebten Himmel verstehen, zwischen Erleichterung und dem Stein, der uns vom Herzen fällt.

Aber Analogien reichen noch tiefer: Sie erkennen Gemeinsamkeiten auch dort, wo es nicht die geringsten äußerlichen Ähnlichkeiten mehr gibt. Wenn ein japanischer Aktienhändler den Zusammenbruch des Marktes mit den Worten kommentiert: »Man sollte nie versuchen, ein herunterfallendes Messer aufzuhalten.« verstehen wir unmittelbar die Gefährlichkeit der Situation, und die Unmöglichkeit, sie zu stoppen.

All das beschreibt ein und dasselbe Phänomen: Unser Denken stammt aus unserer Welterfahrung, ist zutiefst in der Welt verankert und von dort ins Geistige, Abstrakte, Allgemeine aufgestiegen. Auf diese Weise entstand und entsteht in unserem Geist ein Netz von gedanklichen Beziehungen:
Dies ist wie das.
Dieses Netz hilft uns, hinter die Kulissen der äußeren Welt zu schauen und viel schneller zu verstehen und einzuordnen, was um uns herum passiert. Das Gewitter über dem Meer und das Donnerwetter über schmutziges Geschirr in der Spüle ist auf der Ebene der Analogie tatsächlich und zutiefst – dasselbe.

Hofstadter und Sander zeigen, dass hier, im Erkennen der Beziehungen der Dinge untereinander der Beginn dessen liegt, was wir Weltverständnis nennen – etwas, das nur der Homo Sapiens besitzt.

Es ist der gleiche Prozess, durch den Kreation entsteht: indem wir Verbindungen sehen zwischen Elementen, die eigentlich keine Verbindung haben. Schon Kant glaubte: »Die Metapher ist Urquell aller Kreativität.« Gummibälle und ein hochauflösender TV-Bildschirm haben auf den ersten Blick keine Verbindung zueinander – und trotzdem funktioniert die Analogie.

Unsere Sprache ist übervoll von diesen Analogien, wenn wir vom »politischen Erdbeben« einer Wahl, vom »brillanten Schachzug« eines Managers oder der »bodenlosen Frechheit« der Frau Nachbarin sprechen. Da hat natürlich kein Gebäude gewackelt, es wurde keine Spielfigur verschoben und unter der Nachbarin klappte leider auch keine Klappe auf, aber wir wissen genau was gemeint ist, spüren die tiefere Stimmigkeit der beiden Teile der Analogie.

Wir denken und sprechen in Analogien, ob wir wollen oder nicht. Wir schaffen es nicht mal, ohne Analogien und Metaphern gegen Analogien und Metaphern zu wettern, wie die Liebeserklärung des englischen Philosophen Thomas Hobbes an »klare Worte« zeigt:
»Klare Worte sind das Licht des menschlichen Geistes, aber nur, wenn sie durch exakte Definitionen geputzt und von Mehrdeutigkeiten gereinigt sind.«
Viel mehr Analogie als «Licht des Geistes« und »Worte ... putzen und ... reinigen« in einem einzigen Satz geht fast nicht. Anders gesagt: Selbst, wer sie nicht mag, kommt kaum um sie herum.

So denken und kommunizieren wir die ganze Zeit und merken es meistens noch nicht einmal – bis auf einmal die Analogien fehlen. Wenn z. B. von »strategischer Repositionierung« die Rede ist oder »kundenzentrierter Bedarfsanalyse«. Dann gucken wir glasig, nicken, damit keiner im Meeting merkt, dass wir allerhöchstens eine sehr blasse Ahnung haben, worum es geht und glauben, wir sind die einzigen Dummköpfe im Raum.
Sind wir nicht.

Wir alle verstehen die Welt erst in dem Moment, in dem Informationen in Analogien übersetzt werden. Genau deshalb kommunizieren wir – wenn wir wirklich kommunizieren und nicht bloß Daten austauschen oder Informationen abbilden – in Analogien.
Wir sagen nicht: »Tante Greta hatte auf der Geburtstagsfeier einen Gesichtsausdruck, der auf emotionale Aufgewühltheit schließen ließ«, sondern: »Tante Greta sah aus, als hätte sie einen Geist gesehen.«
Wir sagen nicht: »Nebraskas Hochgras-Prärie hat eine Ausdehnung von etlichen hunderttausend Quadratkilometern, die nur sehr spärlich besiedelt sind.«, sondern schreiben Country-Songs, durch deren erste karge Banjo-Akkorde die ganze grenzenlose Weite und Einsamkeit der »Rolling Hills« hindurchklingt.
Wir erzählen unserem besten Freund nicht, dass wir uns in einem negativen Regelzyklus befinden, der aufgrund kontraproduktiver Rückkopplungseffekte nur unter hohem Ressourcen-Einsatz zu disruptieren wäre, sondern dass wir in einem verdammten Teufelskreis stecken, seitdem sie ihre Koffer gepackt hat.
Wir finden Analogien.

Das ist der tiefere Grund, warum Menschen freiwillig Bücher lesen, aber keine Excel-Tabellen. Excel-Tabellen sind pure Informationen, die noch nicht in Analogien übersetzt wurden, nicht mal in einfache Bilder. Es ist nicht automatisch so, dass uns der Inhalt der Tabelle nicht interessiert, aber er erreicht uns nicht, kann uns nicht erreichen geschweige denn berühren, weil wir in unserem Geist nichts sehen.

Und die von uns, die freiwillig und sogar gern Excel-Tabellen oder andere Datensammlungen lesen, sind keine Freaks, sondern einfach nur hochbegabt darin, direkt in und ohne Umwege in den Daten zu erkennen, was uns anderen verborgen bleibt: Für sie sind Zahlen, was für uns Buchstaben sind, in ihnen erkennen sie Bilder, Geschichten, Spannungsbögen, ganze Dramen.
Eine Bilanz zu lesen gilt nicht zufällig als eine Kunst.

Kreation ist also im Kern das Finden einer Analogie und damit die Kombination von Dingen, die noch nie kombiniert worden sind.
Das gilt zum einen ganz grundsätzlich, handwerklich: Jedes Musikstück, jeder Roman, jedes Gemälde ist die Kombination – oder Komposition – von

Noten, Buchstaben, Pinselstrichen, die so noch nie kombiniert worden sind. Genau wie jeder Facebook-Post und jede Insta-Story und jede Website, die etwas auf sich hält.

Auf höherer Ebene leisten genau das die Analogien: Sie kombinieren nicht Bausteine, wie Noten oder Worte, sie kombinieren Bilder, Situationen, Dinge, Gefühle, Geschichten, die noch niemand kombiniert hat. Das ist der eigentliche kreative Sprung. Und je unerwarteter und zugleich passender die Analogie, die neue Kombination ist, desto mehr haben wir als Publikum das Gefühl: »Das ist ja einfach, da hätte ja jeder drauf kommen können«.
Der ultimative Ritterschlag für kreative Höchstleistung.

Einige der schönsten, also verrücktesten aber in der Tiefe stimmigsten Analogien in Kommunikation der letzten Jahre (von Bildschirm & Bällen, Elton John & Unterzuckerung, Babies & Wasser mal abgesehen):

Nackte Männer und Baumarkt: Wenn Hornbach bierbäuchige Familienväter im Adamskostüm juchzend und bäuchlings von Bergen springen, über Kieselhänge preschen, in Schlammtümpel stürzen lässt, dann kriegt auch der letzte doppelte Linkshänder ein Gefühl dafür, wie es ist, mit vollem Körpereinsatz zu heimwerkern.

UNESCO Weltkulturerbe & Öffentlicher Personennahverkehr: Den Mut der Berliner Verkehrsbetriebe BVG muss man erstmal haben, sich als legendär schlecht gelauntes und spektakulär unpünktliches Unternehmen in eine Reihe zu stellen mit kulturellen Errungenschaften wie dem Kölner Dom oder der Wartburg und den Antrag zu stellen, ins UNESCO Weltkulturerbe aufgenommen zu werden. Warum? Weil man halt so ikonisch für die Berliner Kultur steht, wa?

Lebensmittel & Crashtest: Renault erreichte als einer der ersten Hersteller 5 Sterne beim NCAP Crashtest und feierte in der nächsten Werbe-Kampagne nicht etwa Sicherheitsfeatures, sondern fuhr die deutsche, japanische und schwedische Automobil-Konkurrenz als kulinarische Analogie in Form von Weißwurst, Sushi und Knäckebrot gegen die Wand. Leckerer wurde selten die Konkurrenz gecrasht.

Raum

Die Analogie ist der Grundbaustein unseres Denkens – und aller Kreation. Und immer wird ihre Wirkung unterschätzt. Eine Analogie ist viel mehr als ein Bild, auch wenn sie Bilder beinhaltet. Jede Analogie ist ein eigener gedanklicher Raum. Ein Raum voller Assoziationen, Erinnerungen, Bilder, Gefühle und vor allem Sinneseindrücke, ein Raum, prallvoll mit unserem eigenen Leben.
Durch die Fülle von Elementen, die eine Analogie ohne Zeitverzögerung aufruft, vermittelt sie uns ein tiefes, komplexes und vielschichtiges Wissen über die Information, auf die sie sich bezieht.

Denn was genau geschieht in uns, wenn wir »Tiger im Tank« lesen? Wir sehen nicht bloß einen Tiger – wir stehen ohne die geringste Zeitverzögerung mitten in einem inneren Raum, der viel größer ist als nur das Bild des Tigers:
Wir spüren – sehr leise, aber ganz konkret, ganz körperlich – die gespannte Kraft einer Raubkatze, wissen um ihre explosive Energie, Geschwindigkeit, Gefährlichkeit, fühlen die Spannung des Anschleichens, den plötzlichen, mächtigen Sprung.
Der erste TV-Spot von Esso benennt all das sogar – unnötigerweise. Der Sprecher erklärt, dass jetzt »Geschmeidigkeit«, »Energie« und »Temperament« des Tigers im Tank seien.
Aber das wissen wir schon lange – und noch mehr: Wir hören das Rascheln der dunkelgrünen Blätter, die Geräusche der anderen Tiere, vielleicht riechen wir sogar die feucht-heiße Dschungelluft. Wir fühlen die Macht, die von diesem Raubtier ausgeht, seine Überlegenheit, die Gefahr, die es ausstrahlt.

All das passiert nicht im »Denken«, nicht bewusst und konkret, aber es passiert. Sehr leise und blitzschnell entsteht eine unausgesprochene, aber klare innere Vorstellung von Essos Superbenzin. Ein innerer Raum, der bei genauerem Hinsehen den ganzen Reichtum unserer Sinneseindrücke umfasst, unser Hören, Sehen, Riechen, Schmecken, Fühlen. Dazu die Präsenz unseres Körpers, seine Spannungen und Rhythmen – und auch das ist noch nicht alles: die gewaltige Bibliothek unserer inneren Bilder und Erfahrungen, all die Geschichten vom Anschleichen, Jagen, die wir selbst

erlebt oder gehört haben und last but not least das Füllhorn unserer Gefühle – einfach alles, was uns als atmende, bewusste Wesen ausmacht wird in diesem Raum hineingerufen aus dem, was wir später als »Assoziatives Netzwerk« näher beleuchten werden.
Alles, was es dafür braucht sind elf Buchstaben.
Das Ingenieurs-Wort »Wirkungsgrad« braucht nur einen einzigen Buchstaben mehr, um die Kraft des neuen Benzins auf faktische Weise zu benennen. Aber seine Wirkung auf uns, oder besser: in uns?
Gleich null.

Die inneren Welten, die Analogien erschaffen, sind auch deshalb so mächtig, weil wir sie meist nur schemenhaft, manchmal gar nicht bemerken. Der gedankliche Raum entsteht jenseits unserer Kontrolle, unterhalb unseres Bewusstseins und verleiht der Information eine Bedeutung, die wir direkt fühlen können, so wie die gespannten Muskeln des Tigers.
In diesem Raum ist nichts mehr abstrakt, hier wird Information buchstäblich lebendig.

Warum schauen wir uns diesen Raum so genau an?
Um zu zeigen, was für eine komplexe Aufgabe das Finden einer Analogie ist. Auf der Suche nach ihr muss eine unglaubliche Menge von Ebenen auf innere Stimmigkeit abgeprüft werden. Denn die Kraft einer Analogie beruht darauf, dass sie in allen wichtigen Aspekten die Information präzise übersetzt.
Und hier kann eine Menge schief gehen.
Im Fall von Esso wäre »Gepard« auch eine starke Analogie gewesen, aber nicht so stimmig wie »Tiger«, weil beim Gepard der innere Raum durch Geschwindigkeit dominiert wäre. »Gepard« als Bild für ein neues Benzin für die Formel 1? Das wäre ein Treffer.
»Löwe im Tank« wäre rein sprachlich nicht so stark gewesen wie »Tiger im Tank«, wir hätten dafür allerdings den König der Tiere bekommen. Das Problem hier: Seine Majestät ist ja in der Regel eher majestätisch unterwegs und döst gern mal im Schatten eines Baumes, ganz davon abgesehen, dass es überwiegend die Löwinnen sind, die auf die Jagd gehen. Und »Wolf«? Hätte einen völlig anderen, dunklen Raum eröffnet, zu nah und bedrohlich für uns als heimisches Raubtier und mit düsteren Assoziationen wie »Werwolf« angereichert, die mit rotglühenden Augen in einer Ecke des Raumes lauern.

All das sehen und überprüfen wir, fast immer, ohne es bewusst zu registrieren – und dann fällt jemandem »Tiger« ein und es passt. Einfach so.

Story

Der Reichtum der Räume, die wir durch Analogien erschaffen, ist verblüffend und erklärt zu einem großen Teil, wie Kreation Information lebendig macht. Aber es gibt noch eine Steigerung. Die höchste Form lebendiger Information: Analogie + Zeit.
Oder umgangssprachlich formuliert: Storytelling.
Hier zeigt sich die ganze berührende, manchmal überwältigende Kraft von Kreation.

Wir sind Teil einer Welt, deren Lebendigkeit sich in zeitlichen Rhythmen ausdrückt, in Ebbe und Flut, Tag und Nacht, Sommer und Winter. Wir selbst sind von biologischen Rhythmen durchzogen, dem Schlagen unseres Herzens, Ein- und Ausatmen, Schlafen und Wachen. Aber der Homo Creativus ist viel mehr als nur Biologie: dieselben Rhythmen existieren auch und von Anfang an auf der seelischen Ebene.

Unsere Geburt ist vielleicht das beste Beispiel.
Wenn wir aus der absoluten Geborgenheit der Gebärmutter plötzlich in einen Geburts-Kampf auf Leben und Tod geraten, aus dem wir am Ende buchstäblich neugeboren hervorgehen, erleben wir die Urform aller Geschichten.
Und erzählen dieses Drama fortan immer wieder: Wenn Godzilla auf Tokio marschiert, Julia Roberts in »Pretty Woman« um Richard Gere ringt oder wir abends auf der Hütte erzählen, wie wir fast über den Rand der Piste in die Schlucht gestürzt wären, dann ist das immer ein Echo dieser Dramaturgie, in der wir uns buchstäblich in die Welt gekämpft haben.
Alles Storytelling nimmt hier seinen Anfang, denn Bedrohung und Rettung, Sehnsucht und Erfüllung, Angst und Erlösung, Streit und Versöhnung – diese Rhythmen sind für unsere Seele, was für den Körper das Ein- und Ausatmen ist: lebenswichtig, altvertraut, natürlich.

Wenn Kreation diese Form von Lebendigkeit besitzt, wenn sie in den Rhythmen schwingt, die unser Leben auch auf allen anderen Ebenen durchdringen und die wir deshalb unbewusst als zutiefst stimmig empfinden, dann ist sie ganz lebendig – und auf ihre ganz eigene Art und Weise wahr.

Nicht notwendigerweise faktisch wahr, das ist klar.
Aber menschlich wahr. Denn das sind die großen Geschichten in Kommunikation: menschlich wahr, so wie alle unsere großen Geschichten jenseits von Kommunikation wahr sind, egal, ob sie in Mittelerde spielen, auf dem Mars oder einem heißen Blechdach.

In letzter Konsequenz ist es diese Wahrheit des Lebendigen, die uns berührt. Kommunikation schafft das beileibe nicht sehr oft, aber wenn es passiert, dann sind Taschentücher und Awards nie sehr weit entfernt.

Man kann über den legendären Edeka-Weihnachtsspot »Heimkommen« viel Kritisches sagen, aber er ist tatsächlich menschlich wahr: Der einsame Großvater, der seinen Tod vortäuscht, damit die Kinder endlich einmal wieder Weihnachten nach Hause kommen? Wir konnten beide Seiten nachfühlen, wir sind beide Seiten, die gestressten Kinder und der einsame Vater, wir fühlen diesen Konflikt, obwohl wir ihn selbst nie genau so erlebt haben, hoffentlich.
Oder Hornbachs »Gothic Girl«: Vaterliebe, die sich nicht in Worten ausdrückt, sondern darin, dass er für seine gemobbte und ausgegrenzte Gothic-Tochter das Haus stilgerecht anstreicht: tiefschwarz.
Wir hätten gern so einen Vater gehabt oder wären gern selbst so ein Vater, wir verstehen, wie sehr sich das Mädchen getröstet fühlt. Auch diese Geschichte ist wahr, folgt der seelischen Logik der Liebe und dem Rhythmus von Bedrängnis und Rettung.

Niemand von uns malt sein Haus schwarz an, hoffentlich lässt keiner von uns seine Eltern ohne Not an Weihnachten allein – das alles sind nur Analogien, Bilder für etwas. Aber wir erfassen dieses »etwas«, das diese Geschichten uns sagen wollen: Die Kämpfe der Pubertät, die Erlösung, trotz allem geliebt zu werden, die kleinmütige Selbstsucht, die den anderen immer wieder aus den Augen verliert und der sanfte Druck, den es manchmal braucht, damit wir wieder in die Spur kommen – all das kennen wir. All das sind wir.

Hier, im Storytelling, kommt Kreation ganz zu sich. Hier ist sie das Höchste, was sie sein kann: Ein Ort, an dem Information lebendig und wahr wird durch Analogien, erzählt in den Rhythmen und Spannungsbögen des Lebens.

Die Rolle der Intuition

»Die Kraft des intuitiven Verständnisses wird dich vor Schaden bewahren bis ans Ende deiner Tage.«

LAO TSE

Information lebendig machen – das ist der Schlüssel und zugleich das Nadelöhr des kreativen Prozesses. Man kann Analogien, denen das gelingt, nicht durch Berechnung finden, nicht konstruieren, nicht erzwingen. Dem rationalen, planenden Denken ist diese Ebene so unzugänglich und rätselhaft wie einer Bergziege das Meer.

Diese höchste, lebendige Ebene von Kreation liegt weit jenseits von »spektakulär umgesetzt«, »brillant animiert« oder »strategisch genial«. Sie atmet, hat Puls und Spannung, oszilliert, spielt, überrascht, nimmt uns auf den Arm, hält uns hin, lockt, verwirrt, verweigert sich, schüttelt uns durch, zeigt uns das Leben.

Wenn Kreation diese Lebendigkeit und Wahrhaftigkeit besitzt, dann werden wir berührt, in der Seele und im Geist. Und wir können es im Körper fühlen: Wir halten den Atem an, wenn der Killer ums Haus streicht, haben »was im Auge«, wenn Zwei sich doch noch bekommen und wundern uns über unseren abgekauten Fingernagel – das muss wohl im Showdown passiert sein. Die Psychologen sprechen von »somatischen Markern«, sie werden uns wiederbegegnen.

Nur Intuition ist in der Lage, diese Art von Lebendigkeit zu erschaffen. Denn nur sie findet für das, was wir sagen wollen in der unendlichen Auswahl der Bilder, Analogien, Geschichten genau diejenigen, die uns berühren.

Dass das so ist – das ist für Kreative ein offenes Geheimnis. Wir wissen um die Stille Zone, in der unsere Ideen außerhalb unserer Kontrolle entstehen, um den verborgenen Raum, in dem wir die Analogien und Stories finden. Warum das so ist – das wird uns im Folgenden noch intensiv beschäftigen, denn alle Versuche, Intuition wissenschaftlich zu greifen (und es gibt eine Menge davon), sind immer nur teilweise erfolgreich gewesen. Nicht, weil wir Intuition nicht verstehen und erklären könnten – das ist sehr wohl möglich – sondern weil wir sie nicht rein wissenschaftlich erklären können.

Aber diese Erklärung ist wichtig.
Denn Intuition ist das Herz des kreativen Prozesses und damit der Schlüssel zu seinem Verständnis. Wir können den Homo Creativus nur dann zur vollen Entfaltung bringen, nebenbei gegen die Künstlichen Intelligenzen bestehen, den Planeten retten und dabei auch noch jede Menge Spaß haben, wenn wir die Quellen der Intuition, ihre Funktionsweise, ihre Fähigkeiten verstehen. Sie ist es, die am Ende die überraschenden Lösungen, die begeisternden Töne, Bilder, Worte findet, nicht unsere Intelligenz, nicht unser schlauer Kopf.

Wie sie das macht, wird uns den Rest des Buches beschäftigen.
Natürlich bewerkstelligt die Intuition diese Verwandlung nicht allein, sie ist nur ein Teil des Prozesses, aber sie ist der essentielle Teil.

Die Kräfte der Kreativität

»Der Zufall begünstigt nur den vorbereiteten Geist.«

LOUIS PASTEUR

Kreation, die uns berührt, weil sie lebendig und wahr ist – wie gelingt es uns, dieses Level von Kreation zu erreichen?

Dafür müssen wir nicht nur verstehen, wie Intuition, sondern wie der gesamte kreative Prozess funktioniert. Das bedeutet: Wir müssen verstehen, wie unser Geist arbeitet.

Unser Geist besitzt zwei zentrale Kräfte:
Das Analytische Denken und das Intuitive Wissen – kurz: Analyse und Intuition
Unbekannt sind uns diese Kräfte nicht. Gerade das Analytische Denken ist seit der Aufklärung als Wurzel von Wissenschaft, Technologie und Fortschritt gefeierter Star unserer Kultur.
Das Intuitive Wissen, besser bekannt als (Bauch-)Gefühl, Ahnung, Impuls oder Instinkt ist dagegen so etwas wie das schwarze Schaf unserer mentalen Landschaft. Das Schmuddelkind, abgeschoben in Randgebiete, die für das Analytische Denken schon immer unzugänglich waren: Werbung, Kunst, Romantik und einarmige Banditen. Nicht zuletzt, weil sich das Intuitive Wissen in der Echtzeit meldet – auf eine Art, die unserem Bewusstsein sehr schwer fällt, ernst zu nehmen.

Aber wir wissen bereits, dass die Intuition – so gern wir sie im täglichen Leben und Arbeiten übersehen, unterschätzen, ignorieren, diskreditieren – nicht nur wichtiger Teil von Kreativität in all ihren Formen ist, sondern die eigentliche Quelle der Kreativität.
Wir werden sehen, dass unser rationales, analytisches Denken trotzdem unentbehrlich für den Kreativprozess ist – dass es aber zugleich mit seiner Lautstärke und seinem absoluten Herrschaftsanspruch die größte Hürde in diesem Prozess darstellt.
Und wir werden sehen, dass die Fähigkeiten und Grenzen dieser beiden Kräfte, ihr Machtgefüge und vor allem ihr Zusammenspiel viel zu oft kaum verstanden werden – und dass hier der Grund dafür liegt, warum es im kreativen Prozess so oft hakt und wir so selten unser volles Potenzial entfalten.

Denken, Wissen, Analyse, Intuition – das sind abstrakte Begriffe für kaum zu fassende, innere Prozesse, die zu abstrakten Diskussionen und Beschreibungen führen müssen, Sprache ist da gnadenlos. Die Erkenntnis, dass Informationen übersetzt werden müssen, um uns zu erreichen, gilt natürlich auch für dieses Buch und deshalb werden wir von jetzt an ein einfaches Bild zu Hilfe nehmen anhand dessen wir uns die beiden Kräfte und ihr Zusammenspiel buchstäblich vor Augen halten können.

Es ist nur ein Bild und ganz bestimmt keine perfekte Übersetzung (keine Übersetzung kann das je sein), ich werde dieses Bild möglicherweise hier

und dort zu Tode reiten und wir werden unvermeidlich an seine Grenzen stoßen, aber dieses Bild zeichnet doch ein auf allen Ebenen verblüffend präzises Bild der Kräfte des kreativen Prozesses.
Es ist das Bild von Boot und Wal.

Ein Bild unseres Geistes

Vor ein paar Jahren bin ich wieder über ein Foto gestolpert, das ich schon lange kannte und immer sehr beeindruckend gefunden hatte – ohne ihm je größere Bedeutung beizumessen.
Aber jetzt, als es mir wieder in die Hände fiel, »klickte« plötzlich etwas und seitdem bildet es das Herzstück meiner Arbeit und eröffnet praktisch jeden Workshop.

Das Foto ist auf den ersten Blick unspektakulär. Es zeigt aus der Vogelperspektive ein Stück Meeresoberfläche, auf der inmitten graugrüner Wellen ein kleines Ruderboot zu sehen ist. Das Besondere des Bildes: Direkt unter dem Boot, aber unsichtbar für die Ruderer erkennen wir als Betrachter die Silhouette eines ausgewachsenen Blauwals. Zweihundert Tonnen Säugetier, dreißig Meter tauchende Eleganz, das größte und zugleich vielleicht friedlichste Tier unseres Planeten.

Das Boot ahnt nicht, was für gewaltige Kräfte sich nur wenige Meter unter ihm befinden, der Wal zieht seine Bahn, unbeeindruckt von dem Boot über ihm. Zwischen beiden: Die Wasseroberfläche.

Wir werden sehen: Diese drei Elemente, Boot, Wal und Wasseroberfläche sind eine ungeheuer präzise Metapher für unseren Geist, wie er aufgebaut ist, wie er arbeitet – und wie er Kreation hervorbringt. Das bewusste, wache Boot auf dem Wasser, der stille, tauchende Wal in der Tiefe und die Membran zwischen beiden, die Wasseroberfläche, repräsentieren das bewusste Analytische Denken, das nichtbewusste Intuitive Denken und die unsichtbare Grenze zwischen beiden. Indem wir das Zusammenspiel dieser drei Elemente begreifen, begreifen wir den Prozess, durch den Kreation entsteht.

Deshalb wird uns dieses Bild von Wal und Boot durch dieses Buch begleiten (es ist am Ende des Buches abgedruckt), denn es übersetzt die abstrakten Informationen »Analyse« und »Intuition« in ein zutiefst stimmiges, lebendiges Bild, das wir auf viel mehr Ebenen erfassen und begreifen, als uns bewusst ist.

Aber wofür genau stehen Wal und Boot?

Analyse: Laute Klugheit

Das »Boot«, die Nussschale auf dem weiten Ozean, steht für unser rationales, analytisches Denken, für unser waches Bewusstsein, für unsere Fähigkeit, hinter den Phänomenen der Welt Gesetzmäßigkeiten, Regeln, Ursachen zu finden und zu lernen. Diese Fähigkeit ist es, die uns zum Homo Sapiens macht.

Gleichzeitig ist das Boot der Teil in uns, der Sprache besitzt und sie auch benutzt. Pausenlos. Jeder, der schon einmal versucht hat, beim Meditieren, beim Yoga oder einfach nur an einem einsamen Strand im Sonnenaufgang innerlich still zu werden, weiß, was gemeint ist. Die Buddhisten nennen diesen Teil den Monkey Mind, unseren inneren Affenfelsen, der einfach nicht aufhören will, zu plappern.

Vielleicht liegt das daran, dass unser analytisches Denken aus Sicht der Evolution noch ganz jung ist, quasi der Teenager unseres Gehirns: mit nur 2–3 Millionen Jahren auf dem Buckel residiert es im Präfrontalen Cortex hinter unserer Stirn mit einer verrückten, fast pubertären Mischung aus Unsicherheit und Überheblichkeit. Seine unbestrittenen denkerischen Fähigkeiten täuschen nur mühsam darüber hinweg, dass dieser Teil gleichzeitig rätselhaft ängstlich und erstaunlich eitel ist. Beides hat seine Gründe, und beides wird uns später dabei helfen, seine Rolle und seine Grenzen klar zu definieren.

In jeder Sekunde wird unser Gehirn sehr vorsichtig geschätzt von 11 Millionen Bit, also grundlegenden Informationseinheiten bombardiert.

Weniger als 0,1 Prozent davon erreichen überhaupt unser Bewusstsein und noch viel weniger davon werden genutzt, denn unser bewusstes Denken kann selbst gut ausgeschlafen und mit einem Espresso Doppio im Bauch maximal 50 Bit pro Sekunde verarbeiten. Diese Verarbeitung ist immer noch beeindruckend schnell, extrem fokussiert, präzise und immens wichtig. Sie reicht aus, damit das Denken seine primäre Rolle erfüllen kann: Dinge zu hinterfragen, zu durchdringen, zu analysieren. Dieser Vorgang geschieht bewusst: wir können unserem Denken nicht nur zusehen, wir denken tatsächlich selbst und nennen das auch so: »Du, ich mach mir mal Gedanken« ist genau betrachtet ein erstaunlicher Satz, der aber ziemlich genau abbildet, was wir dann machen – Gedanken eben.

Die Probleme in Kreation (und im Rest des Lebens) beginnen damit, dass unser Bewusstsein denkt, sein Denken sei das einzige Denken, das es gibt und die Daten, die es »sieht« und verarbeitet, wären die einzigen Daten, die da sind.
Sind sie natürlich nicht.
Aber wo ist das andere Denken?
Und wo landen die anderen 10.999.950 Bit pro Sekunde?

Intuition: Stille Tiefe

Sie landen im »Wal«. Er repräsentiert in unserem Bild das nichtbewusste Denken. Und dieses »Denken« des Wals ist tatsächlich in der Lage, die anderen fast 11 Millionen Bit pro Sekunde zu verarbeiten, spielend leicht und 24/7, wie man so schön sagt.
Diese einzigartige Fähigkeit des Wals ist die eine faktische, messbare Quelle der Intuition und einer der Gründe, warum wir überhaupt in die Echtzeit gehen können.
Wenn unsere Intuition nur das könnte: überwältigende Datenmengen verarbeiten und zwar (mindestens) 250.000 mal schneller als z.B. unser bestes bewusstes Kopfrechnen – sie wäre ein anbetungswürdiges Wunderwerk der Natur und wir hätten schon jetzt allen Grund, ihr mehr Gehör zu schenken.

Wir werden sehen, Intuition kann noch viel mehr und noch viel Erstaunlicheres.

Das Intuitive Denken des Wals ist in allen Aspekten das genaue Gegenteil des jungen, unruhigen, lauten analytischen Denkens des bewussten Bootes: uralt und vollkommen ohne Sprache lebt und arbeitet dieser Teil die allermeiste Zeit unter der Oberfläche unseres Bewusstseins.
Und damit beginnen die Parallelen zum Wal erst:
Dieses nichtbewusste Denken ist von Natur aus ruhig, still, zurückhaltend. Der Wal will nichts, muss nichts, braucht nichts. Er ist tatsächlich unfehlbar, denn er kennt nichts anderes als die Wahrheit, hat keine Agenda, keine Ziele und drängt sich, im Gegensatz zum Boot, nicht auf. Und wenn er es in Notsituationen doch einmal tut, besser: tun muss, dann hat er es schwer. Weil er selbst keine Sprache besitzt, muss er uns anders erreichen, über innere Bilder, Gefühle und den Körper.

Es wird sich zeigen, dass diese Art der Kommunikation mindestens so präzise und komplex ist, wie Sprache – aber sie ist es erst auf den zweiten Blick. Auf den ersten Blick, auch hier passt das Bild, klingen die Meldungen der Intuition nicht klarer und konkreter als Walgesänge aus der Tiefsee.
Das macht es dem Boot leicht, sie zu überhören – aber das war schon immer ein gigantischer Fehler. Denn hinter der tiefen, stillen Freundlichkeit des Wals arbeitet ein Denkprozess, der dem bewussten Analytischen Denken haushoch überlegen ist. Entsprechend richtiger, wahrer, vielleicht sogar weiser sind seine »Rechen-Ergebnisse«.

Das Zusammenspiel: Kluge Tiefe

Um zu einem neuen Verständnis des kreativen Prozesses als dem Spiel von Analyse und Intuition kommen zu können, müssen wir uns etwas klarmachen, das in seiner Einfachheit radikal klingt und oft unbequem ist:

Der Wal weiß alles. Alles.
Er fühlt, merkt, registriert, sieht, hört, erkennt in unfassbarer Geschwindigkeit. Er ist pure Wahrnehmung, gestützt auf ein hochkomplexes, mäch-

tiges und in Teilen transzendentes Denksystem, das uns noch intensiv beschäftigen wird.
Er weiß alles.
Aber er kann nichts erklären.
Hier liegt seine Grenze. Er weiß: »diese Zeile funktioniert nicht«, »dieser Absatz hakt«, »diese Geschichte packt nicht« – aber er weiß nicht, warum. Erklären, woran Kreation hakt, ist ihm unmöglich.

Das Boot ist das genaue Gegenteil: Allein schon wegen seiner im Vergleich extrem langsamen Datenverarbeitungsrate ist seine Wahrnehmungsfähigkeit eng begrenzt, es »weiß« buchstäblich fast nichts, denn am Ende des Tages schaffen 50 Bit eben doch nur, einen Text zu lesen (15 Bit pro Sekunde), ihn auch zu verstehen und nebenbei einen Espresso Doppio zu bestellen.

Dafür kann das Boot etwas evolutionär Einzigartiges: Es ist in der Lage zu analysieren und zu erklären, was der Wal nur fühlen kann:
Warum eine Zeile, ein Film, ein Gebäude nicht ganz perfekt ist, worin der Fehler liegt und wie er zu beheben ist. Es durchschaut die Gründe für die Wahrnehmung des Wals.
Und das Boot tut noch mehr: Es leitet aus konkreten Daten abstrakte Gesetze und Regeln ab und kann sie auf neue Situationen anwenden. Mit anderen Worten: Das Boot ist unsere Fähigkeit, auf höherer Ebene zu lernen.

Das ist das Spiel, um das es gehen wird.
Wir Menschen, begabt mit fast grenzenlos schneller und tiefer intuitiver Wahrnehmung und Assoziationsfähigkeit und beschenkt mit einer Analysefähigkeit, die mindestens in diesem Teil des Universums absolut einzigartig ist – brauchen einfach nur diese beiden Kräfte miteinander spielen zu lassen.

Was kann schon schief gehen?
Fast alles.

Um das zu verstehen müssen wir zurückgehen an den Anfang.

Die erste Kraft: Analyse

II

**Ich denke,
also bin ich.**

RENE DESCARTES

Kein Satz steht so sehr für die rationale Seite des Abendlandes wie René Descartes' »Cogito, ergo sum« von 1641: »Ich denke, also bin ich«. Die Wucht und Wirkung dieses Gedankens ist atemberaubend. In seinem Gefolge nahmen Wissenschaft und Forschung einen beispiellosen Aufschwung, dieser Schlachtruf des bewussten Geistes prägt uns bis heute in allen Bereichen, von unseren Forschungsinstitutionen über unser Schulsystem bis hin zu privatesten Gesprächen.

Natürlich kam dieser Satz nicht aus dem Nichts, und natürlich war er nur deshalb so ungemein wirksam, weil er für uns, für unsere Kultur zutiefst stimmig war. Wir haben immer nach absoluter Welterkenntnis gesucht, nicht nach subjektiver, Descartes hat uns nur den Slogan dafür geliefert. Hätte er »Ich fühle, also bin ich« geschrieben, sein Wikipedia-Eintrag wäre heute um einiges kürzer und nicht mit angesehenen Denkern wie Leibniz oder Spinoza verlinkt, sondern eher mit Meister Eckhart und anderen Mystikern.

Und noch etwas ist atemberaubend an diesem Satz: Seine Einseitigkeit.
Mit drei kargen Worten schneidet Descartes das abendländische Boot des Denkens endgültig von seiner intuitiven Gegenseite ab. Der Wal ist spätestens jetzt kein ernst zu nehmender Gesprächspartner mehr.

Und dabei hatte alles so gut begonnen.

Die Kognitive Revolution

Wir sind nur eine hochentwickelte Form von Affen auf dem unbedeutenden Planeten einer durchschnittlichen Sonne. Aber wir können das Universum verstehen. Das macht uns zu etwas Besonderem.

STEPHEN HAWKING

Es gibt einen Moment in der Menschheitsgeschichte, der so fundamental ist, dass er bis heute in den großen mythischen Texten aller Kulturen überliefert wird. Es ist der Moment, in dem aus einem namenlosen Zweig des Hominiden-Stammbaums eine Spezies hervorgeht, die es mit den Göttern aufnehmen wird, weil sie eine Schwelle überschreitet, gegen die die Evolution zehntausende Generationen und unzählige von Spezies lang vergeblich angebrandet ist: Bewusstsein.
Dieser Moment ist die Geburt des Homo Sapiens.

Endlich, fast 14 Milliarden Jahre nach dem Urknall sind wir da, Lebewesen, für die die Welt nicht mehr einfach nur ist, undurchschaubar, unkontrollierbar, ewig rätselhaft und ewig bedrohlich, sondern zu einem Ort wird, den wir erst nur bestaunen und hilflos beschwören, dann befragen, erforschen, enträtseln und schließlich beherrschen werden.

Die Antike hat diesen Moment eingefangen in der Geschichte von Prometheus, dem Titanen, der als Feuerbringer und Lehrmeister der Menschheit die Befreiung von der Tyrannei der Götter einleitet und zugleich das menschliche Streben nach gottgleicher Macht entfacht.

Das Abendland erzählt dasselbe Ereignis im Alten Testament mit der Geschichte der Vertreibung aus dem Paradies. Adam und Eva leben in vollkommener Harmonie mit der Natur und Gott, ihnen fehlt es an nichts und Gott spricht jeden Tag von Angesicht zu Angesicht mit ihnen. Bis sie das Einzige tun, was ihnen verboten ist: Sie essen vom Baum der Erkenntnis. Im Originaltext hat dieser Baum einen längeren, präziseren Namen: Baum der Erkenntnis von Gut und Böse. Wir werden darauf zurückkommen müssen.

In diesem Moment treten sie aus der Einheit der Schöpfung heraus, verlassen das Eins-Sein mit allem, was ist. Denn sie sind die Ersten und die

Einzigen, die die göttliche Fähigkeit besitzen, zwischen Gut und Böse zu unterscheiden – und sich plötzlich zwischen Gut und Böse entscheiden müssen.
Der freie Wille ist geboren. Die biologische Programmierung, der alle anderen Lebewesen unterliegen, ist durchbrochen. Gras wächst. Vögel bauen Nester. Schimpansen bilden Stämme. Der Mensch programmiert Pokémon GO und erfindet Tiefkühlpizza.

Was genau damals, vor ungefähr 70.000 Jahren, passiert ist, ob evolutionäre Mutationen, göttliche Einflüsse oder vielleicht doch ein Besuch wohlwollender Aliens diesen Durchbruch bewirkt haben, wissen wir nicht.
Aber wir wissen sehr genau, wohin es uns geführt hat.

Siebzigtausend Jahre bis zur Weltherrschaft

Macht euch die Erde untertan.

1. BUCH MOSE, 1,28

Was diesem epochalen Moment folgte, war ein rasender, flirrender Siegeszug, den es – mindestens auf der Erde – noch nie gegeben hat. In einem 65.000stel der Erdgeschichte, einem Wimpernschlag nach Evolutionsmaßstäben, übernahm diese nackte, aufrecht gehende, affenartige Spezies den gesamten Planeten. Dieser Siegeszug war nicht gleichmäßig linear, er beschleunigte sich exponentiell, bis er in den letzten 5.000 Jahren in einer immer vollständigeren Bändigung erst der äußeren Natur, dann ihrer inneren Gesetze in Physik, Chemie, Biologie, dann ihrer Baupläne in der Genetik vorläufig gipfelte – nur vorläufig, denn die nächsten, höheren Gipfel sind schon in Sicht: Besiedelung des Sonnensystems, Erschaffung künstlicher Intelligenz, vielleicht sogar, irgendwann, eine einfache Steuererklärung.

So umfassend ist unsere Machtergreifung, inzwischen wird ernsthaft diskutiert, die geologische Epoche, in der wir leben, nach uns selbst zu benennen: Das »Anthropozän«. Typisch Mensch, aber nicht ohne Substanz: Wir sind ohne Zweifel kurz davor, einer der »wichtigsten Einflussfaktoren auf die biologischen, geologischen und atmosphärischen Prozesse auf der Erde« zu werden, so die Definition. Anders gesagt: Wir machen uns die Erde untertan. Dass das am Boden und auf Satellitenbildern nicht besonders gut aussieht, steht auf einem anderen Blatt.

Der Grund für diese Geschwindigkeit? Das rationale, Analytische Denken. Bei allen Rückschlägen, Hexenjagden, religiösen Fanatismen und Mittelaltern, die die Entwicklung der Zivilisation immer wieder um Jahrhunderte zurückgeworfen haben, unsere Fähigkeit, frei zu denken, unsere Neugier und unsere Fähigkeit, Wissen nicht mehr nur genetisch, sondern über Schrift und Bild weiterzugeben, war unumkehrbar. Deshalb müssen wir nur einmal den Schleier von den Phänomenen der Welt reißen. Deshalb musste nur Benjamin Franklin ergründen, dass Blitze aus Elektrizität bestehen, nur Charles Darwin die Prinzipien der Evolutionstheorie bei den Finken der Galapagos-Inseln entdecken, und nur Alfred Wegener nachweisen, dass alle Kontinente die in hunderten Millionen Jahren auseinandergetriebenen Splitter eines gewaltigen Urkontinentes sind – denn von diesem Moment an konnte jeder, der es wollte, dieses Wissen erwerben und nutzen. Oder weiterhin glauben, dass Gott die Erde vor gut 5.000 Jahren erschaffen hat – inklusive Dinosaurierknochen.

Der Siegeszug des Homo Sapiens wird noch von einer zweiten Kraft angetrieben, die ungreifbarer, aber nicht weniger mächtig ist als die Vernunft: unstillbare Neugier.
Immer wieder riskieren Menschen Kopf und Kragen, Karriere, Beziehung oder ihr Augenlicht auf der Suche nach Antworten auf Fragen, die es vor uns gar nicht gegeben hat.
Besteigen morsche Nussschalen, weil irgendwo weiter westlich Indien sein müsste (Christopher Kolumbus), schieben sich eine gebogene Nadel hinter den eigenen Augapfel, um mal zu sehen, was dann passiert (Isaac Newton) oder setzen sich auf 2.500 Tonnen flüssigen Sprengstoff, um zu schauen, was auf der Rückseite des Mondes so los ist (Diverse).
Sir Edmund Hillary, einer der beiden Erstbesteiger des Mount Everest, hat dieses unwiderstehliche Verlangen, über alle Grenzen, hinter alle Geheimnisse zu kommen unübertroffen schlicht formuliert, als man ihm die unvermeidliche Frage stellte, warum er diesen Berg bestiegen habe:
»Weil er da ist.«

Zu Beginn unserer Geschichte ringen wir der Natur nur an wenigen Stellen etwas ab: Feuer, Werkzeuge, Medizin. Gefährdete, kleine Siege. Aber wir sind hungrig, wir machen weiter: Züchtung, Ackerbau, Mathematik. Newton. Pasteur. Einstein.
Wir schauen hinter Kulissen, von denen unsere Mitgeschöpfe noch nicht einmal wissen, dass sie überhaupt existieren. Wir berechnen Ebbe und Flut und Sonnenfinsternisse und manchmal sogar das Wetter.
Wir verstehen: Bewusstsein schafft Wissen. Und Wissen ist Macht.
Macht, die wir selbst errungen haben, in einsamen Studierstuben, auf entbehrungsreichen Expeditionen bis an die Enden der Welt, gegen Hexenjagden und Exkommunikationen, gegen den Widerstand von Religionen, Ideologien und des Status Quo.
Was für ein Grund, stolz zu sein!
Und das sind wir: stolz.
Unsere analytische Intelligenz, getrieben von unstillbarer Neugier, hat (abzüglich aller Nebenwirkungen), einen grandiosen Prozess in Gang gesetzt. Hat uns herausgeholt aus der Ohnmacht gegenüber (und Angst vor) Hurricanes und Zahnschmerzen, Wolfsattacken und Missernten. Hat Götter entzaubert, Blitze gebändigt, das Atom gespalten, Quantenphysik geknackt und das Genom enträtselt.

Wie brüllt Leonardo DiCaprio auf dem Bug der Titanic so schön?
»I am the King of the World!«
Keine schlechte Bilanz für einen einzigen Biss in den Apfel.

Die Schönheit der Klarheit

Was die Welt im Innersten zusammenhält.

JOHANN WOLFGANG GOETHE, FAUST

Das Analytische Denken ist nicht nur unser Werkzeug, die Welt zu erobern. Es ist auch eine Quelle von Glück – und Schönheit. Der Augenblick, in dem wir etwas durchdringen, verstehen, in dem sich der Schleier der Oberfläche lüftet und wir verstehen, was wirklich im Inneren vor sich geht, ist tatsächlich beglückend.

Es ist der Moment, in dem sich das mathematisch präzise Räderwerk einer Fuge aus Bachs Wohltemperierten Klavier zeigt und klar wird: Kein einziger Ton ist zufällig, alles leitet sich ab aus einer einzigen Idee, einem einzigen Thema– diese Tiefenstruktur besitzt eine ganz eigene Art von Schönheit, verborgen unter der Schönheit des Musikstückes.
Es ist der Moment am Ende von M. Night Schyamalans »The sixth sense«, an dem die wahre Geschichte sich enthüllt und alle kleinen Hinweise und Anzeichen auf einen Schlag – und völlig unerwartet – einen ganz neuen Sinn ergeben.
Es ist der Moment, in dem wir eine Gleichung lösen oder ein Kreuzworträtsel, die Photosynthese verstehen oder den Witz, über den die anderen schon eine Weile lachen und der Moment in dem wir endlich erkennen, welcher Satz unserer Eltern uns zutiefst geprägt hat – und wie.
Es ist der Moment des »Aha!«.

In Kommunikation finden wir dieses »Aha!« in den einfachen, präzisen Sätzen einer Strategie, die einen neuen Blickwinkel auf das Produkt oder die Marke eröffnen. Oder im klaren und aufgeräumten Re-Briefing, das den Kunden und sein Problem besser versteht als er selbst.
Das, was wir von nun an Kern nennen werden.

Starke und wirksame Kreation ist ohne diese Schönheit der Klarheit, ohne einen präzisen Kern nicht machbar. Er ist absolut entscheidend für den kreativen Prozess und etwas, das wir ohne die Brillanz des rationalen, analytischen Denkens nicht finden können.
Dieser Teil unseres Geistes ist tatsächlich ein Wunderwerk.
Aber er besitzt eine dunkle Seite.

Teuer erkauft

Nie hat ein Tier mit einem größeren inneren Konflikt auf dieser Erde gelebt.

FRANS DE WAAL

Das Boot weiß, was es geleistet hat: Es hat die Natur, das große Gegenüber in den Griff bekommen. Allein mit seinem Denken.
Was für ein Triumph.
Was für eine Katastrophe.
Denn derselbe Moment, der uns das Denken geschenkt hat, katapultierte uns aus dem Eins-Sein mit der Schöpfung heraus, unumkehrbar und für immer. Derselbe Moment, der es uns ermöglichte, die Welt von außen zu betrachten, hat dafür gesorgt, dass wir – draußen sind. Nicht mehr dazugehören.
Genau das ist fortan eines der prägenden Gefühle des Mensch-Seins: Wir sind allein in einem unendlichen, rätselhaften Kosmos.

Aber mit dem Selbst-Bewusstsein brach noch eine weitere Erkenntnis über uns herein: Das Wissen um unsere Sterblichkeit und mit ihm die Angst vor dem Tod.
Hier ist das Ego entstanden, der stolze, eitle, herrschsüchtige und zutiefst ängstliche Teil in uns, der die Unendlichkeit der Welt und unsere Endlichkeit kaum aushalten kann und immer versucht, unser Überleben zu sichern, indem es unser Leben beherrscht.
Sein Werkzeug: das Denken.
Das Ego, es sitzt im Boot und viel zu oft ist es Kapitän.

Die Tragik des Egos ist, dass es das, was es verzweifelt sucht, immer wieder selbst unmöglich macht: das uralte Wunder des Eins-sein mit der Welt, der Geborgenheit im Kosmos.
Das Ego findet keinen Weg zurück dorthin, weil es glaubt, alles unter Kontrolle halten, alles beherrschen zu müssen. Aber Herrschaft und Kontrolle machen nicht nur Geborgenheit unmöglich. Sie sind auch der größte Gegner unserer – und hier schließt sich der Kreis – schöpferischen Seite, sie sind der stärkste Widersacher des Wals.

So wenig, wie wir die Entstehung einer großen Headline kontrollieren können, sowenig können wir das eigene Leben beherrschen. Wer das versucht, landet automatisch bei blutleeren, verkopften Zeilen oder in der Erstarrung, unfähig das zu tun, worin Leben vor allem besteht: wachsen, sich wandeln, sich einlassen. Und trotzdem versucht das Ego immer und immer wieder, die Herrschaft an sich zu reißen, zu steuern, zu planen, zu konstruieren.

Aber Natur, die beherrscht wird, wird leblos.
Und Kreation, die aus Konstruktion und Kontrolle hervorgeht, ist keine.

Der Unterschied des Abendlandes

Per aspera ad astra (Durch Mühsal zu den Sternen)

SENECA

In allen menschlichen Kulturen tobt der gleiche Konflikt Analyse gegen Intuition. Aber es scheint, dass das Abendland gleicher ist als alle Kulturen vor ihm.
Denn irgendwas ist anders zwischen Andalusien und Sachsen-Anhalt, Schottland und Sizilien seit ungefähr 1200 n. Chr. Die Leichtigkeit des Seins ist hier nur in begnadeten Ausnahmefällen (Toscana!) der Normalzustand. Stattdessen regiert die Tiefe und Schwere des Gedankens und es entsteht in den nächsten Jahrhunderten eine Kultur, wie es sie auf dem Planeten noch nicht gegeben hat. »Faustisch« hat sie der große Kulturphilosoph Oswald Spengler genannt, getrieben von Unendlichkeit in all ihren Formen, von den letzten Fragen nach dem Anfang und dem Ziel. Yuval Harari konstatiert das gleiche, wenn er beschreibt, wie das Abendland um 1500 nicht mehr die Menge unseres Wissens sondern die Unendlichkeit unserer Unwissenheit in den Mittelpunkt rückt und damit die wissenschaftliche Revolution einläutet.

Obwohl diese Kultur am Beginn ihres Zeitalters ihr Bestes tut, alles zu diskreditieren, zu vergessen oder im Notfall als ketzerisch zu verbrennen, was andere Hochkulturen an Wissen bereits erlangt haben (nicht zuletzt dass die Erde die Sonne umkreist und nicht andersherum), ist sie es, die am Ende in Wissenschaft und Technologie weiter, viel weiter kommt, als jede andere vor ihr.

Die Frage, warum das Abendland so anders ist, wird vermutlich immer unbeantwortet bleiben, aber dass wir es sind, ist nicht nur an Errungenschaften wie Mondraketen und Mikrochips erkennbar, sondern es zeigt sich bereits in unserem Weltbild.

Spengler zeigte in seinem oft missverstandenen Monumentalwerk »Der Untergang des Abendlandes«: von Anfang an hat »der Westen« die Welt, den Kosmos und den Menschen anders angeschaut als jede andere Kultur vor ihm.
Das wird bereits an unserem Begriff von Zeit sichtbar: Wir verstehen die Gegenwart als kleinen Punkt zwischen den beiden Ewigkeiten Vergangenheit und Zukunft. Deshalb betreiben wir Archäologie und schreiben Science-Fiction-Romane, beides hat es vorher noch nie gegeben und beides wäre für Menschen der Antike in ihrer absoluten Gegenwärtigkeit eine absurde Tätigkeit gewesen.
Für Spengler ist es auch kein Zufall, dass Musik unsere ureigenste Kunstform ist: Grenzenlose, immaterielle Klangwelten, gespielt in Kathedralen, diese ins Unendliche strebenden Räume, die manchmal mehr aus Licht zu bestehen scheinen, denn aus Stein.

Spengler nennt das faustisch: nicht in der Gegenwart verankert sein, wie der antike Mensch, nicht eingebettet in einen Götterkosmos, der Jenseits und Diesseits mit gleicher Strenge beherrscht, wie die Ägypter, sondern sich angetrieben, vorangepeitscht fühlen von der Unendlichkeit der Zeit und des Raumes.

Vielleicht ist dieses scharfe Bewusstsein für unsere Verlorenheit im unendlichen Kosmos der Grund, warum unsere Radikalität in der Suche nach Antworten genauso einzigartig ist wie unsere Methode, diese Antworten zu suchen.
Die Fragen selbst, nach dem Woher und Wohin und Warum, die gehören nicht dem Abendland, es sind die ewigen Fragen der Menschheit. Aber nur wir haben auf der Suche nach Antworten das Atom zertrümmert, (»die Bombe« war dann nur ein Nebeneffekt). Nur wir finden das Higgs-Boson auf der Suche nach der einen, universalen »Theory of Everything«, der Weltformel, die alles erklärt. Wie Goethe seinen Dr. Faustus in der allerersten Szene des Dramas sagen lässt: »... dass ich erkenne, was die Welt im Innersten zusammenhält«. Das ist es, was ihn und das Abendland vorantreibt.

Wir spähen, lauschen, fliegen ins All, auch hier angezogen vom Unendlichen, tauchen in die Tiefsee und haben den Mount Everest ganz nebenbei abgehakt, bloße Zwischenstationen für eine Kultur, die in Lichtjahren denkt. Was für ein innerer Antrieb dahinterstehen muss, was für ein Wille, eine Neugier!

Was das mit Intuition zu tun hat?
Alles.
Unsere faustische Sehnsucht nach den letzten Wahrheiten sitzt so tief, wir haben sie spätestens seit Descartes mit intellektuellen Mitteln zu stillen gesucht, mit dem empirisch-rationalen Denken. Wir waren dabei so radikal, so rücksichtslos der Welt und uns selbst gegenüber wie keine andere Kultur. Die Erfolge dieser Radikalität kennen wir und vieles davon ist großartig, von der Ausrottung der Kinderlähmung bis zu dem Moment, als zum ersten Mal ein Mensch die über dem Mondhorizont aufgehende blau schimmernde Erdkugel erblickte.

Aber diese Radikalität im Denken hat zugleich unsere intuitive Seite immer weiter an den Rand gedrängt, zensiert, entwertet. Wir haben Intuition vielleicht »nicht ausgetrampelt, aber in den Untergrund getrieben« wie Blythe Clinchy schreibt – so gut das jedenfalls geht mit einer Kraft, die älter, tiefer, schneller und klüger ist als jede andere in uns. Intuition hat es in keiner menschlichen Hochkultur einfach gehabt, aber so gezielt wie das Abendland versperrte vermutlich keine andere die Zugänge zu ihr mit den Stacheldrahtverhauen der Rationalität.

Ein Wunder ist all das nicht: Der wissenschaftliche Weg war eben immens erfolgreich. Er versetzte uns in die Lage, wie Spengler schon 1931 schrieb, dass wir die »... Natur nicht mehr nur plündern, sondern ihre Kräfte selbst ins Joch spannen ... die Welt selbst wird mit dem Geheimnis ihrer Kraft als Beute davongeschleppt, hinein in den Bau dieser Kultur.« Der nächste Beweis für Spenglers Erkenntnis, die Bändigung und Entfesselung des Atoms, ließ nicht lange auf sich warten.

So erfolgreich war dieser Weg, dass in den Worten von Philip Goldberg sogar die Institutionen, die uns beibringen sollten, zu denken, uns immer nur ein einseitiges, verzerrtes Bild unseres Geistes vermitteln, in dem das Denken rational und empirisch verstanden wird. Intuition ist, metaphorisch gesprochen, noch nicht einmal Nebenfach. Die wenigen Gegenstimmen von Philosophen wie Nietzsche oder Spinoza haben daran genauso wenig etwas geändert, wie Einsteins rausgestreckte Zunge.

Unsere Sprache spiegelt diese Einseitigkeit wider: »Logisch« sagen wir, wenn etwas stimmig ist, nicht nur, wenn die strengen Regeln der Logik angewendet wurden. »Vernünftig« ist alles Mögliche, auch wenn Vernunft keine Rolle gespielt hat, wie beim herabgesetzten Preis eines Gucci T-Shirts. Und »rational« ist zum Synonym geworden für geistig gesund, während »irrational« mit Verrücktheit assoziiert wird. Die Abkürzung für »irrational« kennen wir alle: »Du bist ja irre ...«. Dabei bedeutet »irrational« nichts weiter, als das etwas »nicht der Vernunft zugänglich« ist.
Aber die Vernunft ist halt der Boss der stärksten Gang auf dem Schulhof des Denkens und wer nicht für sie ist, der ist raus. Manchmal klappsmühlenweit raus.

Immerhin sind inzwischen die Wissenschaft und viele andere Bereiche aufmerksam geworden auf dieses verdrängte, belächelte, ignorierte Ding namens Intuition.
Das Abendland ist neugierig.
Wurde auch Zeit.

Auf der anderen Seite

III

Überall
geht ein frühes Ahnen
dem späteren Wissen
voraus.

ALEXANDER VON HUMBOLDT

Das Abendland ist neugierig auf Intuition – und kommt sofort ins Stolpern. Dass Intuition in dem gleichen mentalen Regal liegt wie Gefühle jeglicher Art, dass sie so eindeutig subjektiv zu sein scheint und insgesamt an Beweisbarkeit massiv zu wünschen übrig lässt, geht unserem Welterklärungsdrang gegen den Strich.
Unsere Kultur hat, spätestens seit Galileo Galilei 1632 behauptete, das Buch der Natur sei »... geschrieben in der Sprache der Mathematik«, unendlich viel Energie darauf verwendet, die Welt gedanklich zu durchdringen, ihr Wesen in Formeln zu abstrahieren, ihre Gesetze in Zahlen zu fassen.
Das hatte zur Folge, dass es in unserer Kultur kaum Worte gibt, um über Intuition zu sprechen. Deshalb werden wir unterwegs immer wieder nach Worten suchen oder sie mindestens klarer definieren.

Die gesellschaftliche Ablehnung von Intuition ist eine weitere Folge dieses Denkens. Wer seine Entscheidung damit begründet, dass er sie durchdacht oder durchgerechnet hat, wird ernst genommen. Wer sagt: »Ich hatte so ein komisches Gefühl« steht häufig vor einem Erklärungsproblem und manchmal auch vor irritiert blickenden Mitmenschen.

Hinzu kommt, dass Intuition etwas sehr Persönliches ist oder besser: sich sehr persönlich anfühlt. Sie erreicht unser Bewusstsein in Echtzeit ohne Begründung und das bedeutet, dass wir sie kaum beschützen können vor denen, die Erklärungen, Begründungen, Beweise verlangen. Sie spielt damit in derselben Liga wie Gefühle: Wir haben sie, aber wir können sie nicht beweisen und niemanden zwingen, sie ernst zu nehmen.

Was wir über Intuition kaum zu sagen wagen

Wenn ich gegen meine Intuition angehe, legt sie mich rein. Aber wenn ich auf sie höre, kommen wir prima miteinander aus.

KIM BASINGER

Wir alle haben Intuition. Wir alle kennen diese leisen, schnellen, unbegründeten und doch irgendwie tiefen Impulse, Wahrnehmungen und Gedanken, die ganz unerwartet, wie aus dem Nichts in uns auftauchen.
»Irgendwas hab ich vergessen ...!« denken wir draußen vor der Haustür und klopfen unsere Taschen ab und die Geldbörse liegt tatsächlich noch drinnen, auf dem Tisch.

Aber meistens ist an dieser Stelle auch schon wieder Schluss mit »Intuition«, weil wir in diesen kleinen Dingen gerne mal daneben liegen, weil wir zu oft unruhig zurück ins Haus gelaufen sind und der Herd war – aus. Falschmeldung, mal wieder.
Davon bekommen wir eine Menge im täglichen Leben – unter anderem deshalb zögern wir, blind auf den Bauch zu hören.
Was wir nicht wissen (und was uns niemand beigebracht hat) ist erstens, dass diese »Falschmeldungen« Gründe haben, Gründe, die wir (noch) nicht kennen, aber eben: Gründe. Genau wie Intuition sind die Falschmeldungen kein Zufall, sondern gehorchen inneren Gesetzen und besitzen sogar eigene Stimmen.
Und wir wissen zweitens nicht, wie wir diese anderen Stimmen von der Intuition unterscheiden können.
Das Ergebnis, vorerst? Ein fast babylonisches Stimmengewirr in unserem Kopf und das Gefühl: Es ist sowieso nur ein 50:50 Spiel, ob »die Intuition« Recht hat oder nicht. Zufall, mehr oder weniger. Nicht verlässlich und damit nicht nützlich.
Kein guter Start.
Und es wird noch schwieriger, denn Intuition meldet sich nicht nur in Alltagskleinigkeiten.

Wenn wir erleben, dass ein Arzt scheinbar ohne genau hinzusehen die seltsamen Symptome unseres Kindes in eine treffende Diagnose packt, und wir uns fragen, wie er darauf gekommen ist;

wenn wir auf der Akropolis, im Louvre oder in der Berliner Waldbühne stehen und plötzlich, unerwartet zutiefst berührt werden, obwohl wir die Tempel, das Gemälde, den Song schon aus Arte-Sendungen oder von Spotify kennen, dann nehmen wir es einfach hin, weil es keine Begründung dafür gibt – nur dieses Gefühl von »genau richtig«.
Und wenn es wirklich spektakulär wird, wenn Intuition ganz kurz einmal aufblitzen lässt, wozu sie noch alles in der Lage ist, dann tun wir manchmal so, als wäre nichts gewesen. Wenn jemand auf einer Party eine Geschichte wie diese zum Besten gibt: »Neulich hab' ich von einer alten Freundin geträumt, die seit zwei Jahren in Neuseeland lebt und – natürlich nur im Traum – schwanger war. Ich wollte sowieso schon lange mal wieder anrufen und hab sie am nächsten Morgen gefragt: »Sag mal, bist du schwanger?« Schweigen in der Leitung. Dann, von 18.000 Kilometer und 10 Zeitzonen weiter östlich: »Woher weißt Du das?««
Und dieser jemand in die Party-Runde fragt: »Wer kennt das?« dann kennen alle etwas Vergleichbares. Und wir nicken uns zu mit diesem »irre, oder?«-Blick, nur um uns anschließend aus diesem Rätsel herauszureden mit Begründungen der eher seltsamen Art.
Platz 1 der »Ich ignoriere mal, was mir da passiert ist«-Hitparade: »War Zufall«, dicht gefolgt von »Versteh ich auch nicht«, und dann wird es meist bereits post-rationalisierend: »Die wollten ja sowieso schon lange Kinder bekommen ...«

Es ist fast so, als wollten wir vor uns selbst verbergen, dass sich in uns etwas gemeldet hat, dass wir nicht einordnen, erklären, begreifen können. Und für das wir kaum Worte finden.

Im Irrgarten der Sprache

»Sag nicht alles, was du weißt aber wisse immer was du sagst.«

MATTHIAS CLAUDIUS

Dem »Herzen folgen«, auf den »Bauch hören«, dem »Gefühl vertrauen« – über Intuition zu sprechen ist schon sprachlich ein Abstieg in die Gefilde des Ungefähren, der Kalendersprüche und Groschenromane.

Der Denkraum unserer Kultur hat für das Phänomen Intuition kaum Worte. Jedenfalls keine, die diese Phänomene sprachlich und damit gedanklich als real und relevant auszeichnen.
Woher sollten diese Worte auch kommen? In unserem aufgeklärten, naturwissenschaftlich-materialistischen Denksystem kommen diese »Dinge« schlicht nicht vor. Deshalb gibt es keine Erklärung dafür, dass wir Dinge wissen, die wir im aufgeräumten Newton'schen Universum der an absoluten Raum und linearer Zeit geknüpften physikalischen Gesetze schlicht und ergreifend unmöglich wissen können.
Keine Erklärung – keine Worte. Ganz einfach.

Die Folgen aber sind weitreichend: Was wir nicht benennen können, ist für unseren Geist nicht vorhanden, darin liegt die urtümliche, magische Kraft der Sprache als Weltbegreifungsmaschine.

Nun haben wir zwar immerhin das Wort »Intuition«, aber dieser Name klingt nicht kraftvoll, nicht klar, mächtig oder bedeutsam wie »Geist« oder »Intelligenz«. Er klingt nach einem ungreifbaren Zwischending – unsere Sprache nimmt diesen Teil offensichtlich nicht für voll. Warum sollten wir es dann tun? Die Forschung kämpft denn auch nach eigener Einschätzung mit einem »Mangel an Vokabular, um intuitive Erfahrungen zu beschreiben«.

Dabei spiegelt unsere Sprache natürlich nur wider, was wir als Kultur jeden Tag und voller Überzeugung leben: Die Herrschaft des Bootes über den Wal, den Triumph des bewussten, rationalen Denkens über die unbegründbaren und unscharfen Äußerungen der Intuition, die sich in Bildern, Impulsen und im Körper ausdrückt. Alles, was außerhalb unserer rationalen Weltsicht liegt, ist per Definitionem »fringe«, ein Ereignis am zwielichtigen, unklaren, ein bisschen abgedrehten Rand unserer derzeitigen Version von Realität. Ein, das kommt erschwerend hinzu, ziemlich wortloser Rand.

Durch diesen Mangel an Sprache ist eine ganz eigene Art von Verwirrung um den Begriff Intuition entstanden. Ständig werden andere Worte als Synonyme für Intuition benutzt, die tatsächlich keine sind.

Begriffsklärung

Ich habe Dich bei Deinem Namen gerufen, Du bist mein.

DIE BIBEL, JESAJA 43

Ein Teil der Unklarheit über Intuition hat mit vier Worten zu tun, die häufig gleichbedeutend mit Intuition benutzt werden: Instinkt, Impuls, Gefühl und Erkenntnis. Wir werden diese vier Schlüsselbegriffe klar gegeneinander und gegen Intuition abgrenzen – und damit zugleich beginnen, Intuition präziser zu fassen.

INSTINKT Angeborenes, durch Schlüsselreize ausgelöstes und immer gleiches Verhalten, in manchen Quellen, u. a. dem Duden auch als z. B. »gefühlsgesteuert« beschrieben. Sozusagen ein fest verdrahteter Reflex. Spinne? Kreisch! Dunkelheit? Angst! Säbelzahntiger im Gebüsch? Flucht. Knall? Zusammenzucken. Etwas fliegt auf mich zu? Ducken, Hände vor den Kopf. Das ist Instinkt. Und hat mit Intuition so viel zu tun, wie unser Kniescheiben-Reflex mit einem 22-Meter Freistoß-Tor von Ronaldo. Das eine ist eine programmierte körperliche Reaktion, das andere ein Kunstwerk.

IMPULS Die »spontane Reaktion auf äußere Reize oder innere Impulse ohne Erwägung naheliegender Konsequenzen«. Das kennen wir z. B. von Hunger, Durst, Geld oder Sex.
Wenn man so will, sind Impulse für den Geist, was Instinkte für den Körper sind. Sie spielen manchmal am äußeren Rand der Selbstkontrolle, was vielleicht der Grund ist, warum sie immer wieder mit Intuition gleichgesetzt werden, denn auch Intuition spielt außerhalb unserer Kontrolle,

kommt scheinbar, wie manche Impulse, »aus dem Nichts«. Aber das ist auch schon die einzige Schnittmenge, denn Impulse entspringen unseren hellen und dunklen Bedürfnissen, Intuition entspringt unserer Wahrnehmung.

GEFÜHL Vielleicht der schwammigste und gefährlichste Begriff von allen, umfasst er doch irgendwie alles, was kein Gedanke ist. Und gerade mit Intuition wird dieses Wort ständig gleichgesetzt. Für mich hat sich eine ganz einfache Formel herauskristallisiert, um Gefühl und Intuition voneinander abzugrenzen:
Intuition ist kein Gefühl, sie fühlt sich nur so an.
Andersherum ausgedrückt: Nur weil etwas ein Gefühl ist, ist es noch lange nicht ein Ausdruck von Intuition.
Wir werden später sehen, dass Gefühle sogar eine der zentralen Störkräfte sind, denn »Furcht, Begierde, Wut, Ärger und Wunschdenken, all das stört und behindert die Intuition.«

ERKENNTNIS Würde man eine Skala zeichnen, die links bei »uralt / biologisch / automatisiert« startet und rechts bis »jung / geistig / bewusst« reicht, dann stünde Instinkt ganz links und Erkenntnis ganz rechts. Es stimmt, Erkenntnisse teilen ganz viele Qualitäten mit Intuition, angefangen vom »plötzlich« bis hin zu »keine Ahnung, woher«. Trotzdem sind Erkenntnisse keine Intuition, sondern ein mögliches Ergebnis von Intuition.
Wenn wir einen Zusammenhang entschlüsseln, wenn sich in uns etwas klärt und zusammenfügt zu einem klaren Gedanken, wenn wir etwas unmittelbar verstehen, oder, um das Wort Erkenntnis ernst zu nehmen: wenn wir etwas erkennen.
Der berühmte Traum des Chemikers August Kekulé von der Schlange, die sich in den Schwanz beißt, ist ein gutes Beispiel. Kekule erwachte aus diesem Traum mit der Lösung für eines der zentralen Rätsel der organischen Chemie: Niemand konnte erklären, wie die sechs Kohlenstoff- und sechs Wasserstoff-Atome des Benzol-Moleküls angeordnet sein müssten, um seine charakteristischen chemischen Eigenschaften zu erklären. Kekulé hatte jahrelang über diese Frage gebrütet. Nach dem Traum war alles klar: Die Benzol-Atome sind ringförmig angeordnet.
Das ist eine intuitive, also bildhaft und nicht bewusst erlangte, faktische Erkenntnis.

UNBEWUSST / UNTERBEWUSST Auf den ersten Blick passen beide, das Unter- bzw. Unbewusste gut zu Intuition. Aber beide Begriffe haben dasselbe Problem:
»Unbewusst« wird seit Freud in der Psychologie, besonders in der Psychoanalyse verwendet und steht für »verdrängte oder abgewehrte Bewusstseinsinhalte«. Diese inhaltliche Vorbelastung mit Dingen, die einer Therapie bedürfen, ist für uns schwierig.
»Unterbewusst« ist im sprachlichen Alltagsgebrauch von »Unbewusst« kaum zu unterscheiden. Es dient zwar in der Wissenschaft häufig als Bezeichnung für kognitive Vorgänge, die nicht im Bewusstsein ablaufen und ist damit schon sehr nah dran an Intuition – aber das wissen die wenigsten.
Deshalb werden wir uns ein Wort aus dem Englischen borgen: »nichtbewusst«. Im Original klingt es wie so oft geschmeidiger als im Deutschen (»nonconscious«) aber auch auf Deutsch hilft es uns, unbelastet über Intuition zu sprechen.

Zeit, uns anzuschauen was wir über Intuition wissen – oder zu wissen glauben.

Beobachtungen und Erkenntnisse

Wir beweisen durch Wissenschaft aber wir entdecken durch Intuition.

HENRI POINCARÉ

Es ist nicht so, dass sich das Abendland nicht mit Intuition beschäftigt hätte – dafür ist sie viel zu omnipräsent und rätselhaft. Es gibt unendlich viele Begegnungen mit der Echtzeit, einen gewaltigen Schatz an Beobachtungen und Erkenntnissen über Intuition, verstreut über alle Lebensbereiche und Professionen. Deswegen ist auch die Menge der Meinungen, Theorien und Definitionen über Intuition und ihre inhaltliche Spannbreite gewaltig.
Der Bogen reicht von komplett außerweltlich-esoterisch (»Gottes Stimme«) bis knüppelhart auf das Messbare reduziert (»Schnelle Ausführung vernunftbasierter erlernter Skripte«). Das macht von vornherein vor allem eines klar: wie sehr die jeweilige Sicht auf Intuition bedingt und bestimmt ist durch die jeweilige Weltsicht.

Es wäre deshalb leicht, jede Sichtweise, Erkenntnis oder Erfahrung als gefärbt, einseitig und zu kurz greifend abzutun, als Produkt einer großen Menge sorgfältigst geschneiderter Scheuklappen.

Wir werden das Gegenteil tun.
Wir werden auf Erkundungstour zu den Echtzeit-Momenten verschiedenster Lebensbereiche gehen, dorthin, wo Intuition sichtbar wird, auch wenn sie nicht immer als solche benannt wird. Und wir werden uns die wenigen, aber wichtigen Erkenntnisse anschauen, die über Intuition als gesichert gelten können.

Unsere Vorstellung von Intuition wird dadurch für einen Moment vielleicht noch unklarer, aber in der Summe werden uns diese Beobachtungen und Erkenntnisse einen umfassenden, holistischen Blick auf das Thema ermöglichen.

Zwei Dinge werden dabei helfen:
Zum einen ist die Wissenschaft inzwischen in die äußeren Bereiche der Intuition vorgedrungen, kann einige ihrer Formen erfassen und gut erklären.
Zum anderen wird Intuition in immer mehr Professionen ganz selbstverständlich eingesetzt, vom Management großer Konzerne über das Militär bis hin zur Wissenschaft. Einfach weil sie funktioniert – und obwohl wir nach wie vor kaum verstehen, wie und warum sie das tut.
Beides zusammen bedeutet, dass es noch nie so viele unterschiedliche Perspektiven auf Intuition gab wie heute. Das werden wir nutzen.

Von unserem persönlichen Alltag abgesehen gibt es drei wesentliche Bereiche, in denen Intuition wahrgenommen und eingesetzt wird:

Im rationalen Bereich von Wissenschaft und Forschung.
Im dynamischen Bereich von z. B. Militär, Management, Feuerwehr und Medizin.
Im kreativen & spirituellen Bereich von Kunst, Philosophie, Kommunikation und Religion.
Unsere Erkundungstour werden wir auf diese Felder konzentrieren.

Der rationale Bereich

DIE KOGNITIONSFORSCHER Der Nobelpreis für Wirtschaftswissenschaften 2002 ging an einen Wissenschaftler, der angetreten war, Intuition und Bauchgefühl als fehlerhaft, irrig und von Vorurteilen behaftet zu entlarven. Daniel Kahneman hat mit seiner Forschung (zusammengefasst in dem Weltbestseller »Thinking, fast and slow«) gezeigt, wie oft wir beim Schätzen »Pi mal Daumen« und anderen schnellen, spontanen Urteilen und Reaktionen spektakulär danebenliegen und wie diese Irrtümer zustandekommen. Kahneman zufolge sind es unbemerkte Vorurteile und Gefühle wie Angst oder Eitelkeit, die unsere spontanen Urteile verfälschen.

Dieser »Gegenwind« aus der Kognitionsforschung hilft uns, den Begriff Intuition weiter zu klären. Denn Kahneman unterliegt einem – mindestens sprachlichen – Fehlschluss: Er setzt das schnelle Schätzen und andere spontane gefühlsmäßige Urteile mit Intuition gleich.
Diese Gleichsetzung liegt tatsächlich auch nahe, denn Intuition ist ebenfalls schnell und äußert sich wie ein Gefühl. Aber andersherum wird eben kein Schuh und vor allem kein Beweis draus: Nur weil etwas schnell und / oder ein Gefühl ist, ist es nicht automatisch Intuition. Im Gegenteil: Gefühle wie Angst, Eitelkeit, und andere Äußerungen des Egos wie Wunschdenken oder Selbstüberschätzung, die Kahneman in spontanen Urteilen nachweist, gehören zu den Kräften, die Intuition überlagern und behindern.

Die Biologen liefern hierfür eine plausible Erklärung.
Über die Geschichte des Ortes, an dem Denken und Intuition passieren, gibt es inzwischen viele gesicherte Erkenntnisse. Grob – und vor allem in evolutionärer Reihenfolge – ist unser Gehirn so aufgebaut:
Der Hirnstamm steuert Grundfunktionen wie Atmung, Körpertemperatur, Herzschlag.
Das Zwischenhirn ist zuständig für Empfindungen wie Müdigkeit und Hunger; in der Limbischen Region sind animalische Triebe, Sex, Aggression und spontane Regungen verortet.
Im jüngsten Teil des Gehirns, im Präfrontalen Kortex, sind Vernunft, Intelligenz, Moral, Rationalität beheimatet. Dieser Stirnlappen der Großhirnrinde ist das Glanzstück der Evolution und möglicherweise der Ort, an dem Bewusstsein entsteht.

Bis zu Freud glaubte man, der Präfrontale Kortex sei unser Bollwerk gegen die Übermacht der Gefühle, er würde uns befähigen, »gegen unsere primitiven Empfindungen aufzubegehren und Kraft des freien Willens ohne Einflussnahme der Affekte Entscheidungen zu treffen.« Heute, nach einigen spektakulären Fällen, in denen Menschen die physische Verbindung zu den Gefühlszentren des Gehirns getrennt wurde, wissen wir, »dass wir ohne Zugang zu unseren Gefühlen unfähig werden, Entscheidungen zu treffen.« Zu diesen »Gefühlen« gehört auch Intuition: Sie ist zwar, wie oben beschrieben, kein Gefühl, aber sie verkleidet sich als solches und hilft uns so bei der Entscheidungsfindung.
Das bedeutet: Ohne Gefühle / Intuition sind wir entscheidungsunfähig.
Genauso wichtig: Intuition hat viele Gegenstimmen in unserem Kopf, es ist sehr leicht, sie mit diesen zu verwechseln. Die Vielzahl dieser Stimmen stammt – jedenfalls im Normalfall – von den vielen unterschiedlichen Schichten unseres Gehirns, die jede ihre eigenen Bedürfnisse und Aufgaben haben. Nicht Intuition ist also unzuverlässig, wie Kahneman schlussfolgert, sondern das, was sie viel zu oft übertönt. Wir werden im sechsten Teil darauf zurückkommen.

Grundlage von Kahnemans Forschung ist die von ihm weiterentwickelte Theorie der »Zwei Systeme«. Nach dieser Theorie stehen uns prinzipiell zwei Denksysteme zur Verfügung:
System Eins operiert automatisch, ist »very fast« und »intuitiv«, sein Kern ist nach Kahneman unser assoziatives Erinnerungsvermögen. Hier entspringt auch Intuition.
System Zwei hat bewusste, rationale Gedanken, ist »rather slow«, und kontrolliert. Es ist »der Nebendarsteller der glaubt, er hätte die Hauptrolle.« Die Parallele zu unserem zentralen Bild von Wal (System Eins) und Boot (System Zwei) ist schwer zu übersehen.

Vor und neben Kahneman hat die Kognitionsforschung in den letzten Jahrzehnten große Anstrengungen unternommen, Intuition zu erforschen. Die vielleicht eleganteste Definition stammt von Malcolm Westcott: Wenn jemand einen Schluss zieht mit weniger expliziten Informationen als dieser Schluss eigentlich braucht.

Von hier aus ziehen sich eine Definition und eine Beobachtung durch die Literatur:

Intuition wird in der Kognitionsforschung definiert als nichtbewusste Informationsverarbeitung und damit als eine Funktion des »intelligenten Unbewussten«.
Die Beobachtung: das Ergebnis des intuitiven Prozesses erscheint plötzlich, wie aus dem Nichts in jenem Moment »... wenn der Prozess ... die Schwelle des Bewusstseins überschreitet« und wird dabei häufig von einem Gefühl der Erleichterung und Gewissheit begleitet.
Intuition ist, in einem Satz, die Fähigkeit, zu wissen, ohne zu wissen, warum. Und sie fühlt sich gut an.

DIE ANDEREN WISSENSCHAFTLER Nirgendwo außerhalb des kreativen Bereichs ist das Bewusstsein und die Begeisterung für Intuition so groß wie ausgerechnet bei Wissenschaftlern. Das ist eines der erstaunlichsten Phänomene des westlichen Umgangs mit Intuition: Es gibt keine allgemein anerkannten wissenschaftlichen Beweise für ihre Existenz, sie gehört nicht zum offiziellen Werkzeugkasten wissenschaftlicher Methoden – aber genutzt wird sie trotzdem, jedenfalls ab Professorentitel aufwärts und immer dann, wenn man wirklich etwas erreichen will.

Ference Marton und Kollegen befragten fast zwanzig Jahre lang Nobelpreisträger in Physik, Medizin und Chemie zum Thema Intuition. Von 93 Nobelpreisträgern betrachten 72 Intuition als wesentlichen Teil ihrer erfolgreichen Forschertätigkeit. Sie beschreiben Intuition als ein Gefühl von Gewissheit, eine Wahrnehmung von fast ästhetischer oder sinnlicher Natur, als unmittelbares Erfassen des Ganzen, lange bevor man alle Einzelheiten versteht.

Als Jaques Hadamard führende Mathematiker nach der Psychologie der Erfindung im mathematischen Feld fragte, antwortete Albert Einstein: »Alle großen Errungenschaften der Wissenschaft beginnen mit intuitivem Wissen. Ich glaube an Intuition (...) manchmal fühle ich, dass ich richtig liege, ohne den Grund zu kennen.«

Der Schotte James Clerk Maxwell, einer der größten Mathematiker und Physiker des 19. Jahrhunderts (Einstein verglich ihn einmal mit dem Universalgenie Isaac Newton), fand grundlegende Gleichungen über den Zusammenhang von Elektrizität und Magnetismus, für die er noch zu Lebzeiten gefeiert wurde. Auf dem Totenbett gestand er allerdings, dass nicht er selbst, sondern »irgendetwas in ihm« die berühmten Gleichungen entdeckt habe. Gefeiert wurde er natürlich trotzdem weiterhin.

Sigmund Freud kam zu spät für Maxwells Gewissensbisse mit seinem Bekenntnis: »Wenn ich eine Entscheidung von nicht allzu großer Bedeutung fällen musste, habe ich es immer vorteilhaft gefunden, alles Für und Wider abzuwägen. In lebenswichtigen Dingen jedoch, wie der Wahl eines Partners oder eines Berufs, sollte die Entscheidung aus dem Unbewussten kommen, irgendwoher aus unserem Innern.«

Karl Popper, der »Philosoph der Wissenschaft«, stellte fest: »Es gibt weder eine logische Methode für das Finden einer neuen Idee noch eine logische Rekonstruktion dieses Prozesses ... Jede Entdeckung enthält ein irrationales Element, eine ›kreative Intuition.‹«

Das bedeutet: der formale Beweis einer Idee kommt immer erst im Nachgang, nachdem die irrationale, intuitive (nach wissenschaftlichen Maßstäben also fast schon schlampige) Arbeit getan ist. Und obwohl das so ist und von den Größen aller Disziplinen auch nicht verheimlicht wird, feiern wir am Ende doch nur das logisch-rational präsentierte Endprodukt, während, in den Worten von Philip Goldberg »... die Vorstellungskraft und die vagen intuitiven Gedanken, die der Entdeckung vorausgehen, abgewertet oder ignoriert werden.«
Arthur Koestler belegt diese Beobachtung in »The Sleepwalkers« mit Beispielen aus der gesamten Wissenschaftsgeschichte.

Wir klopfen uns auf die Schulter für das rationale Ergebnis und verdrängen, wie, in der wahren Bedeutung des Wortes, irrational es zustande gekommen ist.

Drei Beobachtungen: Je höher der Rang des Wissenschaftlers, desto selbstverständlicher der offene Umgang mit Intuition, ein Muster, das sich später bei Managern wiederholen wird.
Je komplexer das Problem und die Datenlage, als desto wichtiger wird die Rolle der Intuition als Ideengeber und Problemlöser eingeschätzt.
Ohne Intuition gibt es – nach Meinung der Wissenschaftler – keine großen Entdeckungen oder Ideen.

Der dynamische Bereich:

FEUERWEHRLEUTE, KRANKENSCHWESTERN, SOLDATEN, BROKER Ein erfahrener amerikanischer Feuerwehrhauptmann wird mit seinem Team zu einem harmlosen Hausbrand gerufen. Sie löschen das Feuer in der Küche ohne größere Mühe. Plötzlich brüllt der Hauptmann seine Crew an: »Raus hier! Alle! Sofort!« Die Männer stürmen aus dem Haus. Sekunden später bricht der Küchenboden ein, auf dem die Feuerwehrleute eben noch gestanden haben. Das eigentliche Feuer hatte nicht in der Küche gewütet, sondern im Kellergeschoss, unbemerkt.
Der Hauptmann konnte nicht erklären, warum er plötzlich seinem Team diesen Befehl gegeben hat. Es war »a hunch«, ein Bauchgefühl, mehr wusste er nicht.

Diese Begebenheit gehört zu den am besten untersuchten Fällen von intuitiver Entscheidungsfindung – mit einem sehr erhellenden Ergebnis: Der Befehl des Hauptmanns kam nicht aus dem Nichts, er kam aus dem Nichtbewussten. In langen Befragungen hat der Feuerwehrmann Stück für Stück für die Wissenschaftler rekonstruieren können, was ihn ausgelöst hatte:
In der Dramatik der Situation hatte er, ohne es zu realisieren, eine ungeheure Menge an Daten aufgenommen. So viele, dass er sie bewusst unmöglich verarbeiten konnte. Das war allerdings auch gar nicht nötig, denn sein Unterbewusstsein zog spielend aus Terrabytes über Terrabytes an Informationen die richtigen Schlüsse: Da war eine ungewöhnliche Verteilung der Wärme im Haus; der Rauch des Feuers war ebenfalls auffällig, verhielt sich seltsam unpassend zu dem harmlosen Brand und zog in ungewöhnlicher Geschwindigkeit in unerwartete Richtungen. Auch an ungewöhnliche Geräusche erinnerte sich der Feuerwehrhauptmann nach intensiver Befragung.

Alle diese Wahrnehmungen, diese Terrabyte an Daten hatten an der Oberfläche keine Verbindung zueinander und blieben deshalb von seinem Bewusstsein unbeachtet. Die nichtbewusste Datenverarbeitung allerdings setzte all die kleinen Zeichen und Anomalitäten zu der einzig schlüssigen Erklärung zusammen: Der sichtbare Brand war nur ein kleiner Teil des eigentlichen, viel größeren Feuers. Und dieses Feuer musste im Keller brennen. Und noch bevor das Bewusstsein diesen Befund analysieren und bewerten konnte, hatte der Mann seinen Befehl herausgebrüllt und so sich und seinem Team vermutlich das Leben gerettet.

Diese Art von Intuition findet sich häufig bei Menschen, die von Berufs wegen gewohnt sind, komplexe, risikobehaftete Entscheidungen unter hohem Zeitdruck in unübersichtlichen Situationen treffen, wenn zu wenig Zeit und Daten für Analyse und bewusste Entscheidungsfindung zur Verfügung stehen: Krankenschwestern, Soldaten, Piloten – und eben Feuerwehrmänner.
Diese Intuitionen aktivieren »action scripts«, automatisierte Handlungsabläufe, die unter hohem Druck abgerufen werden können. Dann tun Profis einfach das, was nötig ist, ohne nachdenken zu müssen.

Eine erfahrene Krankenschwester auf einer amerikanischen Frühchen-Station erkannte in einer scheinbar unzusammenhängenden Kombination harmloser Symptome, dass »irgendetwas komisch war«. Noch bevor die erforderlichen Tests auch nur eingeleitet waren, veranlasste sie die sofortige (und wie sich herausstellte rettende) Medikamentierung des Kindes. Die Tests ergaben später, dass das Frühchen kurz vor einer lebensgefährlichen Sepsis gestanden hatte.

Diese medizinische Entscheidung wurde – wie in unzähligen weiteren Fällen – vollständig nichtbewusst, ohne Nachdenken, ohne Begründung getroffen. Wir wissen inzwischen auch, wie dieser Prozess funktioniert: Experten besitzen große Mengen von sogenanntem »schweigendem Wissen«, von tiefen, komplexen Denkstrukturen, die auf großem persönlichen Wissen und langjähriger Erfahrung beruhen – beides macht sie ja überhaupt erst zu Experten. Diese Intuition basiert auf einem langen, rigorosen Prozess von Ausbildung und Erfahrungssammlung.
Man könnte auch sagen, diese Art der Intuition muss man sich themenspezifisch aneignen. Der Feuerwehrmann hätte die Sepsis des Frühchens nicht erkannt und die Krankenschwester wäre mit ihrem Team in den brennenden Keller gestürzt.

Und noch ein weiterer, zentraler Aspekt der Intuition wird hier sichtbar: Mustererkennung.
Sie basiert, wie die meisten anderen Arten der Intuition, auf der Datenver-

arbeitungsgeschwindigkeit des nichtbewussten Denkens, hier steht es ja 11.000.000 zu 50 Bit pro Sekunde zugunsten des Wals.
»... Du schaust dir das an bis irgendetwas deine Aufmerksamkeit erregt.« beschrieb der Code-Spezialist Captain Thomas Dyer den Prozess, mit dem er und seine Kollegen im Zweiten Weltkrieg das Codesystem der Kaiserlich Japanischen Marine knacken konnten. Mit »das« meinte er 50.000 Gruppen von jeweils 5 Zahlen, die den Kryptologen vorlagen – nicht nur auf den ersten Blick ein Ozean von 250.000 absolut wahllos zusammengewürfelter Symbole – so, als würden drei Viertel dieses Buches nur aus Zahlen bestehen – aber irgendwie erhaschte das nichtbewusste Denken der Kryptologen »die Andeutung eines zugrundeliegenden Musters, das ungefragt aufscheint.«

Die US Air Force nennt diesen Prozess der intuitiven Mustererkennung Recognition Primed Decision-Making (RPDM), zu deutsch etwa: »wiedererkennungsbasierte Entscheidungsfindung«. Sie setzt ihre Kampfpiloten speziellen Trainingsszenarios aus, ganz ausdrücklich mit dem Ziel »to build intuition« für die Schlachtfelder der Zukunft, die immer schnellere Entscheidungen erfordern werden.

Genau diese Fähigkeit zur Mustererkennung machen sich auch Investmentbanker und Börsenhändler zunutze. Ray Dalio, einer der reichsten Hedgefonds-Manager der Welt drückt es so aus: »Intuition ist entscheidend. Und es ist ganz nebenbei etwas, das Computer nicht gut können.« Er beschreibt den Prozess so: »Intuition (...) muss mit dem logischen, bewussten Denken in Einklang gebracht werden. Wenn beide sich einig sind, lege ich los.« Diese Sicht ist unter Top-Managern der Finanzwelt weit verbreitet, Stanley Druckenmiller, Warren Buffet und andere beschreiben die zentrale Rolle der Intuition bei der Entscheidungsfindung als selbstverständlich und wesentlich für ihren Erfolg. Druckenmiller: »Du brauchst natürlich Informationen, aber ab einem bestimmten Level geht es mehr um Intuition.« Karthik Rangappa, Head of Education bei Indiens größtem Stockbroker, sagt ganz unverblümt: »Intuition mag unlogisch sein – aber es ist die wichtigste Fähigkeit eines Börsenmaklers.«
Mit Mustererkennung lässt sich offensichtlich ganz gut Geld verdienen.

Wie bei jeder großen Fähigkeit hat aber auch die Mustererkennung eine dunkle Seite.

Wir sind nicht nur fähig, Muster zu erkennen, wir sind geradezu süchtig danach. Man gebe uns irgendeine beliebige Ansammlung von Signalen, Fakten, Daten und wir finden ein Muster. Unabhängig davon, ob es eines gibt oder nicht.
Das Cover-Foto des Albums »Abbey Road« der Beatles ist ein berühmtes Beispiel dafür.
Die Fab Four gehen auf diesem Bild über einen Zebrastreifen, harmloser und ideenbefreiter geht es fast nicht. Kein Wunder, das Foto war nur »eine Notlösung für die bereits zerstrittene Band«.
Aufmerksame Fans allerdings hatten bald seine wahre, tiefe Bedeutung entschlüsselt: Paul McCartney war tot. Wirklich.
Die Beweislage? Erdrückend. Paul ging nicht nur als Einziger barfuß, sondern auch als Einziger nicht im Gleichschritt mit George, Ringo und John und – das war der entscheidende Hinweis – er hielt eine Zigarette in der Hand. Das war damals per se noch kein Kapitalverbrechen, allerdings war es die falsche Hand. Paul war, ikonischerweise auch am Bass, Linkshänder. Die Zigarette? Rechts.
Damit war die Sache klar.
Zum Glück stellte sich heraus, dass die Berichte über seinen Tod in den Worten Mark Twains »stark übertrieben« gewesen waren.

Zwei Erkenntnisse:
Bestimmte Aspekte von Intuition kann man erwerben und trainieren, sie basieren mindestens in Teilen auf einem großen Erfahrungs- und Wissensschatz, ihre Ergebnisse sind rational nachvollziehbar.
Und: auch die Mustererkennung ist Teil unserer intuitiven Fähigkeiten.

MANAGER Wenn Wissenschaft und Technologie die strahlenden Kinder des rationalen westlichen Weltbildes sind, dann ist der Kapitalismus ihr dunkler Bruder: extrem effizient (nicht zuletzt bei der Vernichtung seiner eigenen Existenzgrundlage), extrem rational, extrem erfolgreich. Hier werden die Früchte des analytischen Denkens eiskalt und professionell zu Geld und noch mehr Geld gemacht. Die Entdecker des 15. Jahrhunderts z. B. sollten ja nicht nur neue Länder und noch zu bekehrende Heiden für ihre jeweiligen Majestäten einsammeln, sondern auch Gold oder, damals genau so wertvoll, Pfeffer und Gewürze. Hier wurden mit Kompass, Sextant, Seekarten und Chronometern physikalische, mathematische und astronomische Errungenschaften in lukratives Business umgewandelt.

Und wie stehen Manager heute zur anderen Seite des Denkens, zur Intuition? Unerwartet offen. »Intuition hat den Bereich des Managements erreicht«, »... je höher man in einer Organisation aufsteigt, desto wichtiger wird Intuition«. Führungskräfte geben mittlerweile mehrheitlich zu Protokoll, Intuition zu nutzen, insbesondere bei hoher Ungewissheit, Mangel an Fakten und Erfahrungswerten, dem Fehlen eines eindeutigen Lösungsweges, Zeitdruck und Erfolgszwang.

Gerade die CEOs globaler Unternehmen – sozusagen die Nobelpreisträger der Wirtschaft – haben inzwischen keine Scheu mehr, über Intuition zu sprechen. Jeff Bezos, Amazon: »Alle meine besten Entscheidungen im Leben und im Business habe ich mit Intuition getroffen, nicht mit Analyse.« Tim Cook, Apple: »Intuition ist etwas, das im Moment erscheint. Und wenn Du offen dafür bist, hat sie das Potenzial, dich in die richtige Richtung zu lenken.« Richard Branson, Virgin: »Du kannst keine Entscheidungen nur auf Basis von Zahlen und Reports treffen. Wir alle haben ein intuitives Gefühl dafür, was richtig ist. Dieses Vorgehen hat mich nie im Stich gelassen.«
Das inzwischen berühmte »Culture Deck« von Netflix, die Beschreibung der Haltung und Arbeitsweise des Unternehmens, nennt als Eigenschaft des archetypischen, perfekten Kollegen: »Du bist gut darin, Daten zur Fütterung deiner Intuition einzusetzen.« Hier wird der langjährige, und oft nichtbewusste Intuitions-Erwerb der Feuerwehrmänner und Krankenschwestern kurzerhand in den Rang eines bewussten und gewollten Prozesses erhoben.

Die beiden zentralen Gründe für das wachsende Ansehen der Intuition sind extrem pragmatisch:
Zum einen gilt laut Zukunftsforscher John Naisbitt: »Intuition wird immer wichtiger in der Informationsgesellschaft gerade weil es so viele Daten gibt.« Die schlichte Überwältigung der Entscheidungsträger durch Datenmassen von bisher unvorstellbarem Ausmaß zwingt sie dazu, auf anderen als den tradierten Wegen zu Entscheidungen zu kommen.

Der zweite Grund ist, dass immer mehr Branchen und Geschäftsmodelle disruptiert werden. Das bedeutet, dass Entscheidungen immer öfter in hochkomplexen, sich rasch wandelnden Umfeldern gefällt werden müssen, in denen es »... nur begrenzte Zeit für Datenbeschaffung, Bedarf an

großen Datenmengen und Unzuverlässigkeit der Daten« gibt und unklar ist, »welche Daten relevant sind.« In den Worten des Management-Gurus Kevin Kelly: »Wir haben zwar das Kommando aber keine Kontrolle.«
Und genau hier, im Bereich von »high risk and high uncertainty« kann Intuition ihr volles Potenzial ausspielen.

Diverse Studien belegen inzwischen den Zusammenhang zwischen intuitiver Führung und Unternehmenserfolg: »Schnelle Entscheidungen in schnellen Umfeldern führen insgesamt zu überlegener Performance«. In einer Studie zeigte sich, dass Unternehmen unter einem CEO mit hohem Intuitions-Score mehr als 5x so schnell wachsen wie Unternehmen, deren CEO überwiegend rational vorgeht.

Es ist natürlich nicht so, dass die Intuition der Manager vom Himmel fällt. Ihre Voraussetzung ist – wie bei den anderen Praktikern – große Erfahrung und fundiertes Wissen. Und Intuition birgt aus Sicht der Manager auch die Gefahr der Irrationalität: »Intuitive Führungshandlungen können allenfalls vom Ergebnis her beurteilt werden«, was Intuition immer noch in die Nähe des sprichwörtlichen »Schuss ins Dunkle« rückt.

Zwei Beobachtungen:
Intuition ist inzwischen ein anerkannter und messbar erfolgreicher Faktor in der Entscheidungsfindung von Managern.
Eine ihrer Stärken liegt in Situationen, die von hoher Unsicherheit und zu viel oder zu wenig vorliegenden Daten bestimmt sind.

Der kreative und spirituelle Bereich:

DIE PHILOSOPHEN Die grundsätzliche Aversion vieler Philosophen gegen Intuition hat der deutsche Denker Ludwig Wittgenstein, einer der großen Logiker und Sprachforscher des 20. Jahrhunderts ganz unverblümt benannt – nur um zugleich seine fast berührende Hilflosigkeit bei diesem Thema erkennen zu lassen:
Intuition sei »eine unnötige Ausrede, weil man keine adäquate Erklärung für das Zustandekommen der Erkenntnis hat.« Soweit klare Kante.

Aber Wittgenstein fährt fort: »Wenn sie eine innere Stimme ist, wie weiß ich, wie ich ihr folgen soll? Wie weiß ich, dass sie mich nicht irreleitet? Denn, kann sie mich richtig leiten, dann kann sie mich auch irreleiten.« Dieses Zweifeln, das doch eigentlich glauben möchte, kennen wir alle. Aber am Ende siegt, auch in der Philosophie, René Descartes, der Gefühle für Verstandestrübungen hält.
Immanuel Kant, der asketische Großphilosoph Preußens, fasste es noch direkter: »Frei bist Du, wenn Du Deiner Vernunft und nicht Deinen Gefühlen folgst.« Die Zwischenrufe Nietzsches (»Intuition ist die Quelle aller Rationalität!«) oder Spinozas (»Intuition eröffnet den Weg zum Wesen der Dinge!«) haben daran nichts Wesentliches ändern können.
Die Philosophie, unfähig Intuition zu fassen, kann sie zugleich nicht ignorieren.

DIE LEBENSBERATER Die grundsätzliche Botschaft der Bücher in den Ratgeber-Abteilungen der Buchhandlungen ist eigentlich immer die gleiche: »Höre auf Deine innere Stimme!« Im Grundsatz ist das nichts anderes, als was Nobelpreisträger und CEOs als wichtige, wenn nicht sogar zentrale Fähigkeit beschreiben.
Im Ratgeber-Regal wird hier dieses »Hören« einfach in den persönlichen Bereich gelenkt, es geht um Selbstverwirklichung und Glück, nicht um Formeln oder Merger & Acquisitions. Es wäre leicht, diese Lebens-Ratgeber wegen ihrer gern ein wenig nach »Tschakka!« klingenden Sprache und den seitenlangen Praxis-Tipps nach dem Motto: »Probieren Sie's einfach im nächsten Meeting aus!« als die leicht schmuddelige Drückerkolonne der Intuition anzusehen und der Gedanke: »Das Produkt ist ja ganz ok, aber der Stil ...« ist mir auch schon gekommen.
Aber diese Arroganz ist völlig ungerechtfertigt: Das »Produkt«, also der Verweis der Leser an den tiefen, weisen, wachen Teil in uns ist ja der Kern aller Intuition. Rein inhaltlich spielen die Ratgeber in einer Liga mit Einstein und Jeff Bezos. Und der Stil? Was kümmert der Stil, wenn es hilft, Intuition im Bewusstsein von mehr Menschen zu verankern. Bach, auf der E-Gitarre gespielt, ist immer noch Bach.

Die Beobachtung:
Intuition hat offensichtlich auch eine sehr individuelle, persönliche Seite.

DIE FREIEN KÜNSTLER Kunst und Intuition hängen so eng zusammen, es ist weit und breit kein Widerspruch in Sicht, wenn Joseph Beuys Intuition

als ein »der Rationalität entgegengesetztes Erkenntnisprinzip, das eine höhere Form des Denkens darstellt« bezeichnet.
Interessant wird es für uns bei einer extremen Form der Intuition, die man vielleicht als »radikale Inspiration« beschreiben könnte.
Goethe berichtete, er habe »Die Leiden des jungen Werther« nahezu ohne bewusstes Zutun geschrieben, »... nur die Feder gehalten, während diese sich von selbst bewegte.« Und er ist nicht der Einzige, der davon berichtet, dass Kreation zu ihm kam. William Blake erzählt ähnliches über die Entstehung seines Vers-Epos »Milton«.
Eine abgespeckte Form dieses »Kommenlassens« gehört so selbstverständlich zur künstlerischen Arbeit, dass selten ausführlicher darüber geredet wird. Man war halt »im Flow«, fühlte sich »inspiriert« oder »von den Musen geküsst«, je nach Epoche.
Künstlerische Arbeit findet immer auch weit außerhalb der rationalen Kontrolle des konstruierenden Denkens, der bewussten Entscheidung statt. Wenn Manager überwiegend rational arbeiten mit Einsprengseln von Intuition, markiert die künstlerische Arbeit das andere Ende der Skala: Schöpferische Intuition, angereichert mit klaren Gedanken. Die Intuition ist in diesem Prozess in den Worten des großen französischen Dichters Paul Valéry die »Wirkung ohne Ursache«, »... weil es in den Gedanken ein verborgenes Element gibt.« Viel schöner kann man sie kaum beschreiben.

Die Beobachtung:
Intuition ist in den Augen der Künstler eine Grundvoraussetzung, um Kunst zu erschaffen und kann sich in der schöpferischen Arbeit verselbstständigen, wenn wir es zulassen.

DIE (KOMMUNIKATIONS-)KREATIVEN Dass Ideen plötzlich da sind, dass man Kreation in Sekundenbruchteilen bewerten kann, das sind für Kreative simple Tatsachen des Lebens. Sie nehmen diese Schlüssel-Momente des kreativen Prozesses so hin, wie alle anderen das Wetter: Immer da, oft ein Problem, manchmal beglückend, immer unberechenbar. Sie müssen nicht verstehen, dass Kreation die Übersetzung von Informationen in Analogien und Stories ist, um genau das zu tun: Informationen zu übersetzen. Sie kennen die Echtzeit der unmittelbaren Reaktion auf eine Idee, sie kennen die Stille Zone, aus der Ideen zu ihnen kommen, ohne beides je so genannt zu haben. Aber im Gegensatz zu Managern, Feuerwehrleuten

oder Nobelpreisträgern ist für sie dieser intuitive Aspekt ihrer Arbeit kein Rätsel und keine spannende Ergänzung, sondern einfach die Art und Weise, wie der Job funktioniert.
Oft werden ihnen diese Schlüssel-Momente erst durch Nachfragen bewusst: »Kennt ihr das, wenn eine Idee plötzlich einfach – da ist?« Dann reagieren Workshop-Teilnehmer fast immer mit einem »Ja!?!«, einer Mischung aus tastendem Erkennen und abgeklärtem »weiß doch jeder«.

Die wichtigste Beobachtung hier: Für Kreativ-Arbeiter ist Intuition keine Frage und kein Problem, sondern das, was für einen Controller Excel, für einen Juristen das BGB ist: ein (wenn auch kaum verstandenes) Werkzeug.

DIE SPIRITUELLEN »Intuition ist das Flüstern der Seele« hat der indische Philosoph Jiddu Krishnamurti einmal gesagt und damit ganz gut den radikalen Gegenpol zum materialistisch-empirischen Denken der Biologen markiert.
Während es bei den Managern und Feuerwehrleuten noch um relativ gut erforschte, blitzschnelle Entscheidungen aus dem nichtbewussten Bereich ging, öffnet sich hier ein Bereich, der sich der wissenschaftlichen Methodik entzieht, weil er subjektiv und nicht reproduzierbar ist.

Spirituelle Erfahrungen kann man kaum teilen, ja nicht einmal gut mitteilen. Tiefe seelische Einsichten, innerer Friede, das Gefühl der Einheit mit dem Kosmos – für all das gibt es keine Beweise und keine Messgeräte, nur jede Menge konkurrierender Erklärungsmodelle, die immer die Existenz einer Seele voraussetzen.

Wenn dieser Teil tief in unserem Innern mit uns spricht, mit uns flüstert, dann hat das mit der materiellen Welt eben nicht mehr viel zu tun, dann spätestens sind »logisch« und »rational« keine relevanten Kategorien mehr. Und die Vielzahl irrlichternder Gurus und Geistheiler und anderer, sagen wir, Exaltierter, machen sachliche Diskussionen über das Flüstern der Seele dann auch nicht einfacher. Anders gesagt: Wer nicht an die Seele und ihre Stimme glauben will, muss sich mit keinem vernünftigen Gegenargument herumschlagen.

Das Problem mit der spirituellen, seelischen Seite von Intuition ist bloß: Wir alle kennen sie. Sogar die allerrationalsten Materialisten (auch wenn die vielleicht besonders gut darin sind, sie zu überhören). Wir alle haben diese leise, fast unhörbare Stimme schon einmal in uns wahrgenommen. Oft an Scheidepunkten unseres Lebens, wenn es darum ging, wer wir sind, wohin wir gehören, wo wir unser Glück finden.

Was nehmen wir mit?
Eine weitere Ebene der Intuition, vielleicht die persönlichste, subjektivste, unbeweisbarste.
Und die Weisheit Shakespeares, »... dass es mehr Dinge zwischen Himmel und Erde gibt, als eure Schulweisheit sich träumen lässt!«, aufgeschrieben während buchstäblich um ihn herum in rascher Folge immer neue Instrumente für immer neue »Schulweisheiten« erfunden wurden: Mikroskop, Fernrohr, Thermometer.

So viele unterschiedliche Erkenntnisse und doch klärt sich langsam das Bild.
In den Worten Eckhart Tolles:
»Sobald du beginnst, den Denker in dir zu beobachten ... beginnst Du zu erkennen, dass es einen enormen Bereich von Intelligenz jenseits des Denkens gibt, dass Dein Denken nur einen winzig kleinen Aspekt dieser Intelligenz ausmacht.«

The Elephant in the Room

Das unverständlichste am Universum ist, dass wir es verstehen können.

ALBERT EINSTEIN

Vielleicht die wichtigste übergeordnete Erkenntnis aus allem, was wir gerade gesehen haben, ist, dass Intuition auf eine stille, fast schon spektakulär unauffällige Weise omnipräsent ist.
Hirnforscher beschäftigen sich mit ihr und die US Air Force, Feuerwehrmänner lassen sich von ihr retten und Dichter sich von ihr Gedichte »diktieren«. Top-Manager nehmen sie »wahr« und nutzen sie, wenn es darauf ankommt, genauso wie die besten Wissenschaftler der Welt, die keinen großen Einfall ohne sie haben. Und wenn sich die Philosophen die Zähne

an ihr ausbeißen, beweist das am Ende auch nur, dass da etwas ist, in das man seine Zähne schlagen kann.
Dass Kreative aller Gewerke sich die Frage nach der Intuition eher selten stellen, liegt vermutlich einfach daran, dass sie ein so selbstverständlicher Teil ihrer Arbeit ist.

Die zweite Erkenntnis ist, wie vielschichtig Intuition zu sein scheint: Es gibt Formen der Intuition, die auf Erfahrung und angeeignetem Wissen basieren. Andere Formen kommen aus dem Nichts im Schreiben eines Gedichtes oder aus unbekannter Tiefe bei den großen Fragen unseres Lebens. Eine Erscheinungsform der Intuition ist unsere Fähigkeit, komplexeste Situationen mit überwältigenden Datenmassen genauso wie Situationen mit fast völligem Mangel an Informationen zu durchdringen und zu bewerten. Eine andere erscheint in der Fähigkeit, ganz und gar neue Ideen zu haben.

Es gibt ein Gleichnis von drei blinden Männern, die einen Elefanten betasten. Der erste sagt, es sei eine Schlange, der nächste, es sei ein Speer, der dritte, es sei ein Baum, weil sie nur Rüssel, Stoßzahn oder Bein berühren. Ich glaube, mit Intuition ist es ganz ähnlich. Forscher, Manager, Künstler, sie alle berühren nur einen Teil der Wirklichkeit. Das Wesentliche, der eigentliche Elefant (bzw. in unserem Fall: der Wal) wird immer nur bruchstückhaft erfasst.

Wissenschaftler und viele Philosophen sehen mit ihren selbst auferlegten Beschränkungen und Fesseln nur den empirischen, rationalen Teil: das, was mess- und nachweisbar ist. So kommen sie bei einer Fähigkeit, die viele von uns immer noch als »Gefühl« einordnen, natürlich rasch an ihre Grenzen.

Aber auch Kreative sehen, oder besser: fühlen nur einen Teil des Ganzen. Und bei aller grundsätzlichen Sympathie, die ich als Kreativer für die offene, spürende, unverkopfte Seite habe – Intuition ist eben doch kein Gefühl, auch wenn es sich so anfühlt.
Dabei ist hier, bei den Kreativen, Intuition am sichtbarsten: Jede Bibliothek, jedes Museum, jede CD-Sammlung ist eine Lagerhalle voller Beweise ihrer Existenz.

Sehr viel besser zu belegen ist das Phänomen Intuition bei den Praktikern, den Krankenschwestern und Feuerwehrleuten. Sie machen auf jeden Fall vieles richtig, wenn sie genügend Erfahrung und Fachwissen besitzen: Sie hören auf die innere Stimme, ohne auf eine Begründung zu warten. Sie haben kein Problem damit, dass Intuition so blitzschnell aus dem Nichts kommt. Sie tun einfach das, was sich richtig anfühlt in einem faszinierenden professionellen Vertrauen auf die Seite in ihnen, die es besser weiß.

Gerade in der digitalen Disruption wird bei Managern noch ein weiterer Aspekt sichtbar. Hier sind die gedanklichen, imaginativen Sprünge größer, hier ist die »decision uncertainty« wesentlich höher und die Datenlage oft mehr als schwach, weil es eben um Entscheidungen in dynamischen Umfeldern geht. Hier kommt Intuition noch unmittelbarer und erkennbarer in Echtzeit »aus dem Nichts«, der Stillen Zone jenseits von Wissen und Erfahrung. Business-Ikonen wie Jeff Bezos oder Richard Branson haben ihre Unternehmen auch dank dieser Fähigkeit groß gemacht.

Es sieht fast so aus, als gäbe es ein paar Dutzend verschiedene Intuitionen, als sei »Intuition« je nach Standpunkt ein Füllhorn oder eine Büchse der Pandora, aus dem mehr oder weniger wahllos oder zufällig, in jedem Fall aber unberechenbar Dinge kommen.

Zeit, Ordnung ins Chaos zu bringen.

Die zweite Kraft: Intuition

IV

Intuition ist
kosmisches Fischen.
Du spürst ein Knabbern
und dann
musst Du den Fisch
an den Haken
kriegen.

BUCKMINSTER FULLER

So unterschiedlich die Erscheinungsformen auch sind – sie alle lassen sich auf zwei Grundeigenschaften der Intuition zurückführen: Die Echtzeit und die Stille Zone. Sie sind die universellen Phänomene der Intuition, das rätselhafte »sofort« und »aus dem Nichts«, das uns so oft irritiert, staunend oder dankbar zurücklässt.

Die Echtzeit, die wahrnehmbare Außenseite der Intuition, wird von allen erlebt, Nobelpreisträgern und Krankenschwestern, CEOs und Juniortextern: in spontanen Ideen, Erkenntnissen oder Geistesblitzen.
In der Echtzeit zeigen sich die Ergebnisse von Prozessen, die in der Stillen Zone unsichtbar für uns abgelaufen sind. Einen dieser Prozesse kennen wir bereits, es ist die Fähigkeit des nichtbewussten Denkens, 11 Millionen Bit pro Sekunde zu verarbeiten. Diese Fähigkeit erklärt viele der bereits beschriebenen Phänomene, angefangen von den Medikamentierungs-Entscheidungen erfahrener Krankenschwestern über die Mustererkennung der Codebreaker bis hin zu den »hunches«, auf deren Basis Investmentbanker mal eben Hunderte von Millionen Dollar investieren.

Eine zentrale Frage ist durch diese Datenverarbeitungs-Geschwindigkeit allerdings nicht zu beantworten: Wo kommen die Ideen her, wie finden wir Analogien? Auf welche Weise entstehen Stories?

Um diesen zentralen Aspekt der Stillen Zone zu verstehen, müssen wir an einen der spektakulärsten Orte des bekannten Universums gehen.

Das Assoziative Netzwerk

Das Gehirn ist größer als der Himmel.

EMILY DICKINSON

Wir erschaffen Kreation, indem wir auf das nichtbewusste Assoziative Netzwerk zugreifen– den Ort, an dem unsere Welterfahrung, unser ganzes Leben, all unsere Erinnerungen, Gedanken, Wahrnehmungen, Erfahrungen, Bilder und Gefühle gespeichert sind.

Das Assoziative Netzwerk ist das Herz der Stillen Zone – und es ist in jeder Hinsicht spektakulär.
Es beginnt mit biologischen Fakten: Unser Gehirn mit seinen ca. 1.300 Gramm Gehirnmasse kann 10 hoch 150 sogenannte Wahrnehmungs- und Bedeutungsinhalte speichern – das ist eine Zahl mit 150 Nullen. Zum Vergleich: das gesamte Universum beinhaltet »nur« 10 hoch 80 Atome, das sind 70 Nullen weniger.
Einfach ausgedrückt: Wir können mehr Bedeutungsinhalte speichern, als das Universum Atome hat.

Möglich ist die Speicherung einer solchen Informationsmenge nicht deshalb, weil unser Gehirn aus ca. 100 Milliarden Nervenzellen, den Neuronen besteht, sondern weil diese Neuronen unfassbar dicht miteinander vernetzt sind: Jede dieser Zellen ist mit 1.000 anderen Nervenzellen verbunden, viele mit mehr als 10.000 anderen Neuronen. Von diesen Verbindungen, den Synapsen, gibt es mehr als 1 Trillion. Aneinandergelegt beträgt ihre Gesamtlänge etwas mehr als 5,7 Millionen Kilometer.
Das sind Zahlen jenseits unserer Vorstellungskraft – aber genau diese Zahlen, dieses unfassbare Netzwerk macht kreatives Arbeiten überhaupt erst möglich, denn es erlaubt uns, die fast unendliche Menge der Informationen nicht nur zu speichern, sondern miteinander in Verbindung zu setzen.

Was wir im Assoziativen Netzwerk gespeichert haben, reicht von einzelnen Informationspunkten wie dem Geruch von frisch gemähtem Gras, Zahnschmerzen oder dem Summen einer Mücke bis zu hochkomplexen Informationsknoten wie einer dramatischen Dreiecks-Liebesgeschichte, der Sizilianischen Eröffnung beim Schach oder dem Prozess der Photosynthese.

Alle diese Wissenspunkte sind nicht nur da, sondern gedanklich über Analogien miteinander verbunden – denn so haben wir sie überhaupt erst erfassen und in unser Denken einbauen können, als Informationen, die in Beziehung zu anderen Informationen stehen.

Das Assoziative Netzwerk ist der Ort, an dem wir Analogien und Stories für Informationen finden. In diesem gigantischen Labyrinth von Querbeziehungen sucht unser nichtbewusstes Denken nach neuen Beziehungen, neuen Analogien, neuen Stories. Nichts ist natürlicher und selbstverständlicher für diesen Teil unseres Geistes – es ist das, was er sowieso die ganze Zeit tut. Steve Jobs brachte es einmal so auf den Punkt: »Kreativität bedeutet einfach, Dinge zusammenzubringen. Wenn du Kreative fragst, wie sie das gemacht haben, fühlen die sich oft ein bisschen schuldig, denn sie haben es nicht »gemacht«, sie haben einfach nur etwas gesehen.«

Das ist kreative Arbeit: Der Wal taucht ab.
Tief hinunter in dieses gedankliche Parallel-Universum.
Und findet Analogien für den dunklen Sog des Egos und die liebevolle Trauer eines Witwers. Denn die Stille Zone – sie ist alles andere als still. In Wahrheit arbeitet hier ein auf Milliarden Neuronen und Billiarden Synapsen gleichzeitig feuernder Supercomputer, der am Ende keine Zahlen ausspuckt, sondern »Macbeth« und das Taj Mahal. Und, wenn wir es klug füttern, Elton John, den Tristan-Akkord, hunderttausend Gummibälle, einen Tiger und das Dach der Elbphilharmonie.

Drei Formen der Intuition

Die Logik genehmigt lediglich die Eroberungsfeldzüge der Intuition.

JACQUES HADAMARD

Von hier aus wird es einfach, die scheinbare Vielfalt der Intuition auf nur drei Grundformen zu reduzieren:

Empirische Intuition, Kreative Intuition und Transzendente Intuition.
Sie alle entstehen in der Stillen Zone und zeigen sich in der Echtzeit, aber sie sind in ihren Qualitäten und Fähigkeiten sehr unterschiedlich.

DIE EMPIRISCHE INTUITION basiert auf der Datenverarbeitungs-Geschwindigkeit des nichtbewussten Denkens und der daraus resultierenden Mustererkennung. Sie ist unsere Fähigkeit, auf Basis von viel zu vielen oder viel zu wenigen Informationen spontane sinnvolle Entscheidungen zu treffen. Sie ist die Intuition der Praktiker im dynamischen Bereich, erlernt, trainiert und mit immens viel expliziter und impliziter Erfahrung hinterlegt. Sie spielt für den kreativen Prozess praktisch keine Rolle.

DIE KREATIVE INTUITION ist unsere Fähigkeit, Kreation zu erschaffen und zu durchschauen. Sie nutzt die Geschwindigkeit des nichtbewussten Denkens und hat zugleich Zugriff auf das Assoziative Netzwerk. Damit ist sie die Quelle des Homo Creativus, die Kraft, Neues zu erschaffen.
Um sie wird es im Folgenden gehen.

DIE TRANSZENDENTE INTUITION ist unsere Fähigkeit, Dinge zu wissen, die wir nach allen rationalen und naturwissenschaftlichen Kriterien un-möglich wissen können. Auch sie zeigt sich in Echtzeit, stammt aus der Stillen Zone, aber sie ist ihrer Natur nach spirituell, ungreifbar, hoch individuell. Sie scheint sich wenig um Raum und Zeit zu kümmern und spielt keine Rolle im kreativen Prozess.

Alle drei Grundformen der Intuition sind gleich verblüffend in dem, was sie leisten, viel von der Verwirrung rund um »Intuition« rührt schlicht daher, dass diese drei Formen miteinander (und mit allem, was sonst noch auf den Namen »Gefühl« hört) in einen Topf geworfen werden.
Dabei haben sie nur drei Dinge gemeinsam:

Alle drei Intuitionen entstehen in der Stillen Zone des nichtbewussten Denkens, erscheinen ungeplant, unkontrolliert und vor allem scheinbar unbegründet in der Echtzeit, wie »aus dem Nichts«.
Alle drei Intuitionen sind leise.
Alle drei Intuitionen äußern sich primär ohne Worte, sondern in Bildern, Gefühlen und im Körper.

Damit enden schon ihre Gemeinsamkeiten – und es wird spannend, denn gerade die Unterschiede in den Fähigkeiten und Grenzen der drei Intuitionen werden uns helfen, ein präziseres Verständnis von Intuition aufzubauen.

Es ist natürlich ein interessanter Vorgang, wenn gleich das Boot versuchen wird, den Wal mit seiner ganzen verborgenen Komplexität zu erfassen und in eine klare Struktur zu bringen. Wir tun das deshalb mit einem kleinen Lächeln und in dem Bewusstsein, dass das Phänomen Intuition mit den analytischen Fähigkeiten des Bootes, mit Regel, Struktur und Ordnung nur unvollkommen zu greifen sein wird. Ordnung und Struktur allein können nie ganz erfassen, was sie wesentlich auszeichnet: die leise und rätselhafte Gewissheit, mit der sie Dinge »weiß«.

Wir strukturieren das »Phänomen Intuition« trotzdem, aus zwei Gründen und verbunden mit einer Bitte.
Der erste Grund ist, dass eine Struktur tatsächlich hilft, das Wesen der Intuition klarer zu erfassen und zu verstehen. Der zweite Grund ist, dass eine solche Struktur eine große Hilfe sein wird, wenn es später konkret um die Neuausrichtung des kreativen Prozesses geht. Je genauer wir Intuition verstehen, desto präziser können wir sie einsetzen.

Und die Bitte? Dass wir niemals glauben, die Landkarte, die wir hier zeichnen, sei das Land selbst. Intuition muss und kann nur im Moment und in uns selbst wahrgenommen werden.
Sie entfaltet ihre Kraft in der Echtzeit unserer Wahrnehmung, nicht in der Klugheit unserer Analyse.

Transzendente Intuition

Hab den Mut, Deinem Herzen und Deiner Intuition zu folgen. Sie wissen irgendwie, was du wirklich werden willst.

STEVE JOBS

DIE INTUITION DER SEELE. Sie ist die tiefste, vor allem aber die persönlichste Stimme in uns und diejenige, für die es am schwierigsten ist, Worte zu finden. Wir erleben sie in mystischen und religiösen Erfahrungen, nicht selten in der Begegnung mit der überwältigenden Schönheit der Natur und an den Wendepunkten und großen Entscheidungen unseres Lebens.

Während die anderen beiden Arten der Intuition objektiv sind, ist die Transzendentale Intuition subjektiv und so individuell, wie wir selbst.
Sie IST in gewissem Sinne wir selbst: Die Stimme unserer Seele, unser Zugang zu unserem innersten Kern. Sie weiß, wer wir sind und wohin unser Weg führt. Sie verbindet uns auf unerklärbare Weise mit dem Universum, durch sie fühlen wir z. B. wie es nahen Menschen geht, egal, wo sie sind.
Diese Intuition führt uns, wenn wir es zulassen, an Orte, zu Menschen und in Situationen, die diese besondere Qualität von »richtig« haben.
Im Nachhinein nennen wir das, was durch sie in Gang gesetzt wird, häufig »Fügung«, »Schicksal« oder »Zufall«.

Ich glaube, ich bin an jenem Hamburger Sommerabend im Juni 1984 einer Transzendenten Intuition gefolgt. Im Moment selbst konnte ich damals nur die tiefe Stimmigkeit dieses Abends fühlen, heute weiß ich, es war ein Wendepunkt in meinem Leben. Genau dafür ist sie, salopp gesagt, zuständig.

Im kreativen Prozess spielt die Transzendente Intuition deshalb keine Rolle.

Empirische Intuition

Ich kann nicht genau sagen, was sich in meinem Geist ereignet,
dass sich dieses Neonzeichen einschaltet: »Hier ist eine große Idee!«

WARREN BUFFET

Die Intuition der Praktiker: der Krankenschwestern, Feuerwehrmänner, Investmentbanker und Kampfpiloten. Sie ist vor allem eine Handlungs-Intuition und wissenschaftlich gut erforscht. Sie funktioniert hervorragend unter Druck in zeitkritischen, hochkomplexen, uneindeutigen Umfeldern, in der Echtzeit von Notaufnahmen, Großbränden, Schlachtfeldern und Börsen.

Empirische Intuition ist zwar individuell erworben, aber trotzdem objektiv. Sie nutzt die Datenverarbeitungsgeschwindigkeit und insbesondere die Musterkennung unseres nichtbewussten Denkens. Sie benötigt dafür »Deep Knowledge«: umfangreiche situative Erfahrung und einen großen Fundus an angeeignetem fachspezifischem Wissen – kurz: sie will gefüttert werden.

Hier liegt eine interessante, wenn auch nur oberflächliche Parallele zur Kreativen Intuition. Auch diese muss im kreativen Prozess gefüttert werden, aber bei jeder neuen Aufgabe, jedem neuen Thema, jedem neuen Kunden muss dieser Input bei null starten, hier baut nichts aufeinander auf. Und die Kreative Intuition bildet aus diesem Input keine immer wiederkehrenden Muster (das wäre genau das Gegenteil von Kreation und also langweilig), sondern sie nutzt den Input, um Neues zu erschaffen. Genau das kann (und soll) die Empirische Intuition nicht.

Denn die große Stärke der Empirischen Intuition liegt im Erkennen von Mustern in viel zu großen oder viel zu geringen Datenmengen – in Echtzeit. Das Erkennen von nicht-offensichtlichen Zusammenhängen, das »Riechen« einer Investment-Chance, das »Erspüren« einer Unstimmigkeit in Krankheits-Symptomen ist das, was es Experten ermöglicht, die richtigen Entscheidungen zu treffen. Und, wenn nötig, blitzschnell automatisierte und oft komplexe »action scripts« auszulösen: Flugmanöver, medizinische Therapien, Brandbekämpfung.

Funktionieren kann die Empirische Intuition allerdings »nur« in bekannten Umfeldern, bei Variationen eines immer gleichen Themas, für die »Deep Knowledge« zur Verfügung steht: der 1.000ste Brand, das 1.000ste Baby, der 1.000ste Börsentag. Und das ist völlig in Ordnung. Feuerwehrmänner und Krankenschwestern brauchen keine neuen Ideen, sondern richtige Entscheidungen unter hohem Druck.

Für das Herz des kreativen Prozesses, das Finden der Bilder, Analogien, Stories, ist die Empirische Intuition nicht relevant.

Kreative Intuition

Kreativität ist nichts weiter als Geist, der freigelassen wurde.

AKANSE A. ANAGO

DIE INTUITION DER KREATIVEN. Sie kommt, wie die Transzendentale und Empirische Intuition »aus dem Nichts«, aber sie ist ganz anders als die beiden anderen Intuitionen, denn Kreation ist anders.
Kreation ist keine Variante eines bestimmten Problems, sondern etwas noch nie Dagewesenes. Um Kreation zu erschaffen und zu bewerten sind Erfahrung oder Wissen mehr oder weniger nutzlos.
Dafür brauchen wir die Kreative Intuition.

Sie hat zwei unterschiedliche Seiten und beide sind essentiell für den kreativen Prozess.

Wahrnehmende Intuition

Sie ist die eine Quelle der Echtzeit-Momente. Sie ist es, die uns direkt, blitzschnell, unmittelbar die innere Qualität von Kreation durchschauen lässt, die im selben Augenblick, in dem wir Kreation sehen, weiß: «Großartig!« Oder: »Geht so.«

Vor mehr als 30 Jahren stand ich in Florenz vor Michelangelos Statue des David. Ich war an diesem Tag nicht sonderlich gespannt ins Museum gegangen, weil ich von Bildhauerei nichts verstehe und mir nichts aus ihr mache. Aber als wir den Saal betraten, war ich von einer Sekunde auf die nächste völlig überwältigt. Ich stand in einem klassischen Echtzeit-Moment vor sechs Tonnen Marmor und fühlte, spürte, wusste – Dinge. Dass diese Statue unfassbar schön war, zutiefst beeindruckend zum Beispiel. Gut, das war ziemlich offensichtlich, aber diese erste Reaktion markierte auch nur den Anfang eines Wahrnehmungsstroms, der mich bis heute beschäftigt. Denn ich wusste viel mehr als das. Ich wusste: diese Statue war Kunst auf einem Niveau, das Menschen ganz selten erreichen.

Woher ich das wusste? Keine Ahnung. Warum der »David« großartiger war als die Statue eines geringeren Meisters im Nebensaal hätte ich nicht begründen können. Aber ich wusste es mit derselben Gewissheit, mit der ich wusste, dass das Porträt dieses biblischen Hirtenjungen beseelter, inspirierter und wahrhaftiger war als alles, was ich bisher gesehen hatte.
Wahrhaftiger? Bis heute finde ich keine besseren Worte für das, was mir damals ohne jeden Zweifel klar war. Im Saal der Galleria dell'Accademia verstand ich zum ersten Mal, was die antiken Denker gemeint hatten als sie erklärten: Das Wahre und das Schöne sei nicht voneinander zu trennen, es sind zwei Seiten einer Medaille.
Der Beweis für diese These stand direkt vor mir, keine zehn Meter entfernt.

Ich habe oft in Workshops von diesem Augenblick berichtet und alle, die diese Statue live gesehen haben, berichteten von ähnlichen Erlebnissen. Bis eines Tages eine Frau erzählte: »Mich hat der David kalt gelassen.« Ich muss ziemlich ungläubig geschaut haben, denn sie fuhr fort: »Aber ein paar Tage später im Petersdom vor Michelangelos »Pieta« (der lebensgroßen Skulptur von Maria, die den toten Jesus im Arm hält) sind mir die Tränen nur so heruntergelaufen.«
Natürlich müssen wir offen sein für diese unmittelbare Wirkung großer Kunst und oft genug sind wir es nicht, stehen mit Sorgen vor dem »David«, hören, belastet von einem Streit einen Beatles-Song, sind einfach »nicht da«, taub für die Echtzeit. Aber wenn wir da sind, dann kann uns die Intuition in wuchtiger Klarheit melden, wovon wir gerade Zeuge werden: Kreation, die uns jenseits aller Erklärungen berührt.

Kunst zeigt uns dieses Phänomen immer wieder.
Kaum ein Zuhörer durchdringt die Bauweise einer fünfstimmigen Tripelfuge von Bach, kaum ein Leser die Tiefenstruktur von Paul Celans Gedicht »Todesfuge« – was uns aber nicht daran hindert, hinterher beseelt zu sein, vielleicht auch erschüttert – aber in jedem Fall berührt.
Wir alle erkennen die innere Qualität von Kreation. Auch ohne sie erklären zu können.

Natürlich: Über Kunst kann man fast immer streiten, aber zum Glück gibt es einen Bereich, in dem unsere Fähigkeit, die Qualität von Kreation zu durchschauen, ganz einfach zu beweisen ist: Sprache.

2005 erschien die BILD-Zeitung mit einer Titel-Zeile, die bis heute unvergessen ist: »Wir sind Papst«.
Diese Headline war ein »instant classic«. Das ganze Land schmunzelte, unabhängig von Konfession oder Bildungsabschluss. Der Art Directors Club warf diesem Titelblatt alles an Kreativ-Preisen hinterher, was er finden konnte. Wir Werber wussten: es war die beste Zeile des Jahres, mindestens. Warum? Weil man epischer, fantasiereicher, metaphorischer texten kann. Aber nicht besser. Drei Worte, besser noch: drei Silben genügten, um einen hochkomplexen Vorgang mit seiner historischen Dimension und seiner Wirkung auf Deutschland auszuerzählen.
Drei Silben.

Der Erfinder dieser Zeile, Georg Streiter, hat mir erzählt, wie sie entstanden ist.
Bei historischen Ereignissen wie Mondlandung oder Mauerfall entbrennt in der BILD-Zeitung eine Schlacht darum, wer die Überschrift für den nächsten Tag findet. So auch hier: Brainstorming mit Redakteuren, Ressortleiter wie Georg, der erst wenige Tage vorher seinen Job angetreten hatte und den »Edelfedern« der BILD-Zeitung. Großes Chaos, natürlich, denn jeder versucht, »die Zeile« zu finden oder wenigstens seine Zeile durchzusetzen – bis Georg in seiner ruhigen Kölner Art drei Worte in den Raum sprach, so, wie sie ihm gerade in den Kopf schossen.
Die Reaktion im Raum: kurzes Schweigen. Niedersinkende Stifte. Zähneknirschende Gratulationen. Ein purer Echtzeit-Moment.

Das Land schmunzelte, die Werber warfen mit Preisen um sich, die besten Headline-Texter Deutschlands hörten buchstäblich auf zu texten – aber warum? Was macht diese Zeile so ikonisch, so genial, so unüberwindbar großartig? Das herauszubekommen wäre ein gutes Thema für eine Bachelor-Arbeit. Und doch nur eine intellektuelle Fingerübung, denn wir wissen bereits, dass diese Zeile großartig ist. Die Wahrnehmende Intuition hat in Echtzeit durchschaut, wie auf den allerersten Blick brillant und schön diese Zeile war – und wie stimmig und wahr in der Tiefe.
Genau das ist ihre Stärke und Funktion und das tut sie, automatisch und völlig unabhängig von Berufserfahrung, kreativem Know-How oder Bildung.

Um die Wahrnehmende Intuition zu nutzen, müssen wir nichts weiter tun, als sie wahr – und dann ernst zu nehmen.
Die andere Seite der Kreativen Intuition ist das Herz der kreativen Arbeit:

Schöpferische Intuition

Der Homo Creativus – hier ist seine eigentliche Quelle.
Die Schöpferische Intuition ist die Kraft, die in der Stillen Zone Kreation erschafft. Sie ist es, die Informationen lebendig macht, sie in Bilder, Analogien, Stories übersetzt und in unzählige Formen und Formate entfaltet.
Auch die Schöpferische Intuition ist Teil der Echtzeit, ihr verdanken wir den Geistesblitz, die plötzliche Idee, die aus dem Nichts kommende Erkenntnis.

In der kreativen Arbeit ist das Erschaffen vom Wahrnehmen kaum zu trennen, weil wir im Erschaffen zugleich immer auch die Qualität des Erschaffenen wahrnehmen, trotzdem funktioniert die Schöpferische Intuition ganz anders als die Wahrnehmende Intuition, vor allem auf der Zeit-Ebene: Sie ist mit Abstand die langsamste aller Intuitionen, auch wenn sie das Ergebnis ihrer Arbeit in Echtzeit meldet.

Der Grund ist einfach: Sie hat die mit Abstand komplexeste Aufgabe.
Ihr Suchfeld ist unendlich groß, so, wie die Menge der möglichen Lösungen. Unendlich ist, wie mal jemand bemerkte, »eine ziemlich große Zahl« und das ist der Grund, warum es bei großer Kreation gerne mal etwas länger dauert – 11 Millionen Bit / Sekunde Denkgeschwindigkeit zum Trotz.
Denn der Job der Kreativen Intuition ist es, unter diesen unendlich vielen Möglichkeiten nicht eine, sondern DIE Analogie zu finden, die die Information, nicht nur präzise, sondern vor allem auf eine neue Art übersetzt und lebendig macht.
Wäre die Analogie nicht präzise, wäre die Information beschädigt.
Wäre die Analogie nicht neu, wäre es keine Kreation.
Wäre die Analogie nicht lebendig, würde es uns nicht berühren.

Diese Analogien finden wir im Assoziativen Netzwerk.

Die offene Frage

Es ist nicht die Antwort, die erhellt, sondern die Frage.

EUGÈNE IONESCO

Alles gut also?
Intuition ist nicht halb so vielschichtig und meistens nicht halb so rätselhaft, wie es auf den ersten Blick scheint.

Wenn Menschen mit ihrer Transzendenten Intuition in Berührung kommen, ist das Ergebnis so tief im seelischen oder persönlichen Bereich angesiedelt und liegt so weit jenseits aller rationalen Erklärungen, diese letzten Rätsel können wir ganz gut aushalten.

Wenn Feuerwehrmänner, Radaroffiziere und Krankenschwestern die Empirische Intuition einsetzen, bleibt als Restwunder die unglaubliche Geschwindigkeit der Datenanalyse und die Tiefe der Mustererkennung, die diese Intuition besitzt.
Mystisch, verborgen ist hier nichts.

Und wenn Kreative mal wieder »was Tolles« gemacht haben, ist das vielleicht einen Applaus oder einen Award wert – aber nicht genauerer Nachfrage. Es ist halt das, was Kreative machen seit irgendwie immer. Kein Zufall, dass das schönste Denkmal unserer Zeit für die kreative Klasse – Apples legendäre Kampagne aus 1997 – mit den Worten beginnt: »Here's to the crazy ones«.

Aber gerade hier, im kreativen Prozess, dem Stammsitz und Hometurf der »Crazy Ones« wird sie sichtbar, die große letzte Frage der Intuition. Hier, wo unbekannte und oft unsichtbare Kräfte so unbestreitbare, sichtbare, berührende Ergebnisse erzeugen, hat sie die größte rätselhafte Wucht.
Die Frage lautet:

Wie macht Kreative Intuition das?

Einen Teil der Antwort kennen wir bereits: Sie nutzt mit der Wahrnehmenden Intuition die Geschwindigkeit der Echtzeit, um Kreation zu

durchschauen. Und sie nutzt mit der Schöpferischen Intuition unser Assoziatives Netzwerk mit all seinen spektakulären Möglichkeiten. Das erklärt zwar, woher die Menschheit die unerschöpfliche Fülle an Ideen, Geschichten, Analogien holt und warum sie das Ergebnis bewerten kann – aber sofort taucht die nächste Frage auf:
Wonach wählt die Schöpferische Intuition aus der unendlichen Menge der Möglichkeiten aus? Wie findet sie im unendlichen Meer der »Bedeutungsinhalte« genau die Bilder, Analogien, Geschichten, die Informationen lebendig machen? Woher weiß sie, welche Kreation nicht nur erreicht, sondern berührt? So tief berührt, dass wir Geld ausgeben, Schlange stehen, das Kostbarste opfern, was wir besitzen – Lebenszeit – nur um sie zu erleben?

Das allein ist ein großes Rätsel.
Aber es wird noch rätselhafter, wenn wir die Wahrnehmende Intuition betrachten. Woher nimmt sie ihre schnellen und – Störgeräusche abgezogen – ungeheuer treffsicheren Bewertungen von Kreation? Welche Maßstäbe wendet sie an? Wie beurteilt sie, was stimmig ist und was nicht?

Denn eines ist klar: Die Tatsache, dass wir alle vor der Mona Lisa, auf der Akropolis oder – nach dem neuesten Tarantino – in der Kneipe stehen und einfach wissen, »groß!«, kann nur einen Grund haben – wir alle beurteilen Kreation in all ihren Formen nach den gleichen Maßstäben.
Und zwar nach denselben Maßstäben, nach denen auch die Kreativen, von den griechischen Baumeistern bis zu amerikanischen Regisseuren gearbeitet haben, sonst würde ihr Werk in uns keine Resonanz erzeugen, nicht buchstäblich in uns widerklingen.
Denn erst, wenn wir in Resonanz gehen, hat der Kreative sein Ziel erreicht: Uns.

Diese Frage nach dem »Wie?« ist nicht nur die zentrale Frage der Kreativen Intuition, die Empirische Intuition steht vor der gleichen Frage:
Wie unterscheidet Empirische Intuition eigentlich zwischen wichtigen und unwichtigen Fakten? Wie findet sie die Verbindungen und tiefen Zusammenhänge zwischen Informationen, wie erfasst sie Muster in unfassbar vielen oder fast gar keinen Daten? Wonach genau sucht sie? Woher weiß sie überhaupt, wonach sie suchen soll?

Sind diese Fragen erst einmal gestellt, kann man die Lücke mit Händen greifen.
Sie ist so groß – es werden gern große Worte benutzt, um sie zu füllen. Dann müssen »Genie« oder »Inspiration« herhalten als Erklärung für das Unerklärliche, oder wenn sonst nichts mehr hilft: »Zufall« und »Glück«. Aber die Lücke ist so natürlich nicht zu füllen.

Wonach wählt Intuition aus, wonach bewertet sie?
Das ist die letzte – und die entscheidende – Frage, wenn wir das Intuitive Denken wirklich verstehen wollen.
Hier ist meine Antwort.

Das Herz der Intuition

V

Einem stillen Geist
ergibt sich
das ganze Universum.

LAO TSE

Um Intuition wirklich zu verstehen, müssen wir eine letzte Kulisse beiseiteschieben.

Intuition, also unsere Fähigkeit, Kreation in der Stillen Zone zu erschaffen und zu bewerten, ist nichts, das wir besitzen oder »haben«, kein gespeichertes Wissen, keine erlernte Kompetenz, keine antrainierte Fähigkeit.

Sie ist Zugang. Nicht mehr und nicht weniger. Zugang zu objektiven, allgemeingültigen Maßstäben außerhalb unserer selbst. Zugang zu den Universellen Harmonien.

Die Universellen Harmonien sind die Gesetzmäßigkeiten und Zusammenhänge, Strukturen, Balancen und Beziehungen, die unser Universum durchziehen und formen.
Sie sind sichtbar, wahrnehmbar und in vielen Fällen mathematisch erfassbar.
Sie heißen Harmonien, weil wir ihre Anwesenheit als genau das empfinden: wahr, stimmig, berührend – harmonisch. So, wie wir ihre Störung oder Abwesenheit als Unstimmigkeit in verschiedensten Facetten erleben.

Es ist dieser Zugang zu den Harmonien, der erklärt, warum wir in so hohem Maße übereinstimmend, so schlafwandlerisch sicher die innere Qualität von Kreation erfassen. Warum es weder bei Mozart-Symphonien noch bei manchen Zeitungsheadlines einen Zweifel darüber gibt, ob sie »gut« sind.

Unser Zugang zu den Harmonien erklärt zugleich, auf welcher Basis wir die unfassbare Fülle kreativer

Entscheidungen treffen, die wir treffen müssen, um die passenden Bilder, Analogien und Geschichten auszuwählen, um überhaupt Kreation zu erschaffen und sie zu bewerten.

Denn beides basiert auf den Harmonien:
Die Wahrnehmende Intuition erkennt die An- und Abwesenheit der Harmonien in Echtzeit, dank der Geschwindigkeit des nichtbewussten Denkens.
Die Schöpferische Intuition verwirklicht die Harmonien in Kreation (oder versucht wenigstens, so nah wie möglich an sie heranzukommen).

Unser Zugang zu den Harmonien erklärt sogar, wie die Empirische Intuition Muster und Zusammenhänge finden kann: Diese Muster und Zusammenhänge, die im Strom der Daten eigentlich unsichtbar bleiben müssten, sind ebenfalls eine Form von Harmonie, eine Form innerer Stimmigkeit.

Intuition selbst können wir also nicht verbessern oder trainieren. Was wir trainieren, üben, erweitern, verbessern können ist unsere Offenheit und Wachheit für sie, unser Vertrauen in ihre leise, schnelle Meldung – mit anderen Worten: unseren Zugang.

Jetzt wird klar, warum kreative Arbeit so viel Loslassen, Hingabe und Vertrauen verlangt: Nur so bleibt der Zugang offen, den Kontrolle, Kritik und rationale Überlegungen so leicht verbauen, nur so haben wir Zugang zu den Harmonien.

Aber was genau meint »Universelle Harmonien«?

Das Universum in uns

Der Edle strebt nach Harmonie, nicht nach Gleichheit.

KONFUZIUS

Das ganze Universum und alles Leben besitzt Puls und Rhythmus, ist durchzogen von Atem und Herzschlag, wird angetrieben von der Spannung der Gegensätze und der Anziehungskraft der Pole und strebt in allem, von der Zelle über den Atem und die Psyche bis zu den Gezeiten nach Balance und Gleichgewicht.
Dieses Gleichgewicht lässt sich in Harmonien beschreiben.

Viele dieser Universellen Harmonien können wir mathematisch erfassen, z.B. anhand der Proportionen des Goldenen Schnitts und der Fibonacci-Folge. Sie beschreiben Verhältnisse, die überall in der Natur vorkommen und die wir als zutiefst ästhetisch und harmonisch wahrnehmen. Schneckenhäuser und Wirbelstürme, unser Körper und unser Gesicht, Rosenblüten und Spiralgalaxien folgen diesen Proportionen.
Kreative nutzen diese Harmonie immer wieder, die Mona Lisa, die Pyramiden von Gizeh, das Pepsi-Logo und der Eiffelturm sind nur einige Beispiele.
Harmonie findet sich in den 17 Symmetrien islamischer Kunst und in den Abstraktionen der Gemälde von Kandinsky und Mondrian. Sie drücken sich in Naturgesetzen aus, in der schlichten Schönheit einer Formel wie $E=mc^2$, in den Spannungsbögen und Balancen einer starken Geschichte, im schwerelosen Bilderstrom eines Textes.

Intuition ist unser Zugang zu diesen Universellen Harmonien.

Wenn Musik, Sprache, ein Gebäude, eine Geschichte, ein Bild diesen Zustand des Gleichgewichts, der inneren oder äußeren Balance erreicht, wenn uns Harmonie begegnet, dann reagieren wir unmittelbar und ganz erstaunlich:
Mit Ausatmen, Lächeln, Euphorie, Schweigen, Tränen. Etwas berührt, beglückt, erschüttert uns in der Tiefe, das fühlen wir klar und manchmal überwältigend deutlich, lange bevor wir es erklären können.
Es gibt Vollkommenheit und wir gehen in Resonanz mit ihr.

In den Worten der Journalistin Hiltrud Bontrup: »Weil wir uns von jeher in dieser Schöpfung bewegen, erkennen wir ihre Muster intuitiv, fühlen uns geborgen. Jede Begegnung mit diesen Mustern ist ein archaischer Moment, der glücklich macht.«

Das Wissen um Harmonien ist uralt. Und es ist unmittelbar.
In Kunst, Philosophie und Wissenschaft erscheint seit der Antike immer wieder der Gedanke der Ideale und Harmonien. Schon Platons »Höhlengleichnis« beschreibt eine »Welt des unwandelbaren Seins«, der vollkommenen und unveränderlichen Ideen, z. B. der Idee »des Schönen«, »des Menschen«, »des Kreises«. Diese Ideen werden in unserer Welt immer nur unvollkommen verwirklicht, unser nichtbewusstes Wissen um sie erklärt, warum wir überhaupt in der Kunst nach Idealen streben können und warum wir ein Wissen darum haben, wie nah eine Statue, ein Tempel, eine Säule dem Ideal ist.

Der antike Mathematiker Pythagoras glaubte, »... dass der gesamte Kosmos nach bestimmten Zahlenverhältnissen geordnet sei und die Musik Abbild der kosmischen Ordnung sei.« Er entdeckte, dass musikalische Harmonien auf einfachen, mathematischen Verhältnissen beruhen. Klänge, die wir als besonders harmonisch, rein und strahlend empfinden, sind aus Tönen zusammengesetzt, die in absolut präzisem ganzzahligem Schwingungsverhältnis zueinander stehen: 1:2 (Oktave), 2:3 (Quinte), 3:4 (Quarte) etc.
Diese absolut reinen Klänge erklingen verblüffend selten im Konzertsaal, weil die meisten Instrumente – insbesondere Klaviere – ganz gezielt, fast unmerklich und sehr gleichmäßig verstimmt sind, damit sie in allen Tonarten beinahe perfekt sauber klingen. Das nennt sich »wohltemperiert« und hat die volle Nutzung aller Tonarten überhaupt erst ermöglicht.
Aber wirklich »rein« sind Klänge nur dann, wenn die Musiker von Akkord zu Akkord die Töne so minimal variieren können, dass das ganzzahlige Verhältnis wiederhergestellt wird, dass ein »A« 440 Hertz hat und das »D« vier Töne höher eben ganz exakt 660 Hertz. Mathematisch ausgedrückt: 3:4.
Genau das können Sänger, Streicher und Blechbläser sehr gut und deshalb haben wir in A-Capella-Konzerten diese besondere Art der Gänsehaut, wenn ein Akkord in vollkommener Reinheit im Raum steht.
Hier, wie bei allen Harmonien, gilt: Man muss nichts von der zugrundeliegenden pythagoreischen Mathematik, von der Wohltemperierten Stim-

mung oder mehrstimmigem Chorgesang wissen, um die Anwesenheit dieser Harmonie nicht nur wahrzunehmen, sondern körperlich zu fühlen. In den Worten von Pythagoras: »Das ist das Wesen der Musik, dass sie die Seele zur Harmonie des Weltalls stimmt.«

Der Astronom Johannes Kepler suchte und fand – inspiriert von Pythagoras – diese »Harmonice Mundi«, die Harmonie der Welt in den Bahnen der Planeten und ihren Abständen zueinander, festgehalten in den Keplerschen Gesetzen. Leonardo da Vinci entdeckte sie im menschlichen Körper und seinen Proportionen, festgehalten in seiner Zeichnung des Vitruvianischen Menschen.

Auf die Abwesenheit der Harmonien reagieren wir auch, nur ganz anders. Indifferent, neutral, gleichgültig, wenn die Harmonien nur verfehlt wurden. Verärgert, manchmal sogar wütend, wenn die Harmonien verletzt wurden.
Es sind diese Harmonien, auf die hin wir alles, was wir wahrnehmen, nichtbewusst und in Echtzeit überprüfen.

Keine heile Welt

Der Urgrund der Schönheit besteht in einem gewissen Zusammenklang der Gegensätze

THOMAS VON AQUIN

Für alles weitere ist es entscheidend zu verstehen, dass Harmonie nichts zu tun hat mit »Heiler Welt«.
Harmonie ist die »wahre Welt« – und die ist voller Brüche, Spannungen, wilder Gegensätze, scheinbarer Widersprüche. Harmonie ist das Schwingen des Lebendigen, ihre Perfektion ist nicht starr, sondern organisch, wahr und atmend, nicht konstruiert.
Sie existiert nicht durch die Abwesenheit von Widersprüchen, sondern ganz im Gegenteil: Sie ist die »... Vereinigung von Gegensätzen zu etwas Ganzen«.

Schon Aristoteles beschrieb in seiner »Ethik«: »Die Natur strebt nach dem Entgegengesetzten und bringt hieraus und nicht aus dem Gleichen die Harmonie hervor ... Auch die Kunst bringt dies, offenbar durch Nachahmung der Natur, zustande.« Der römische Dichter Horaz nannte das Ergebnis dieser künstlerischen Arbeit »rerum concordia discors«, »der Dinge zwieträchtige Einheit«. Auch Heraklit, einer der großen Philosophen der Antike, sah es so: »Widerstreitendes fügt sich und Auseinanderstrebendes ergibt Harmonie und alles entsteht durch Widerspruch.«

Harmonie entsteht also erst im Zusammenspiel mit dem ganz Anderen, nie aus Gleichheit, Einförmigkeit, Regelmäßigkeit. Salvatore Dali bemerkte einmal: »Alles, was widersprüchlich ist, schafft Leben.« Wenn im Wohnzimmer ausschließlich »Billy«-Regale oder Vitra-Möbel stehen, dann ist das nicht lebendig, harmonisch oder schön, sondern einfach nur widerspruchsfrei, mehr nicht. Oh, und langweilig.
Die griechische Mythologie erzählt dieselbe Wahrheit, wenn sie berichtet, dass die Göttin Harmonia die Tochter von Ares, Gott des Krieges und Aphrodite, Göttin der Schönheit und der Liebe ist ...

Harmonie braucht das Andere, entsteht nur im Zusammenspiel mit dem Anderen.
Kein Wort allein, keine noch so schöne Farbe, kein einzelner Ton kann in sich harmonisch sein – sie sind es erst im Zusammenspiel, Zusammenklang mit einer anderen Farbe, einem anderen Ton, anderen Worten. Blau ist blau, ein C ist ein C und Schwan ist nur ein Wort. Harmonisch werden sie erst in der Kollision der Farben und Formen, in Akkorden und Dissonanzen, in den Reibungen und unerwarteten Verschmelzungen eines Textes. Wenn in Hölderlins »Mitte des Lebens« die Schwäne ihr Haupt ins heilig-nüchterne Wasser tauchen.
Abraham Maslow, einer der einflussreichsten Psychologen des 20. Jahrhunderts, schrieb einmal, große Künstler »... bringen widersprechende Farben zusammen, Formen, die sich bekämpfen, sie verschmelzen alle Arten von Dissonanzen in eine Einheit.« Genau wie das große Denker mit widerstreitenden Fakten tun, Staatsmänner mit widerstreitenden Interessen.

Der Song »Bohemian Rhapsody« von »Queen« ist ein gutes Beispiel dafür: eine sechsminütige brillante Orgie musikalischer Widersprüche, in der aus einer einsamen Klavierballade, vielstimmig-exaltierten Opernchören

und bombastischen E-Gitarren-Solos ein verblüffend stimmiges Ganzes wird.
Und ein Welthit.

Natürlich gibt es genügend erfolgreiche Songs, deren Harmonie subtiler entsteht, aber am sichtbarsten wird in der Musik das Prinzip der »Harmonie der Widersprüche« eben bei Songs wie »Bohemian Rhapsody« – oder seiner Antithese: der Fahrstuhl- und Kaufhausmusik, auch »Muzak« genannt.
Muzak ist Musik, die perfektioniert wurde auf widerspruchsfreie, eindimensionale Schein-Harmonie. Anders gesagt: Wir können uns noch nicht mal über sie ärgern, weil wir sie praktisch nicht wahrnehmen. Sie ist vielleicht die paradoxeste Kreation, die der Mensch je erschaffen hat: Kreation, die unsichtbar sein will. Oder unhörbar.
Kreation ohne echte Harmonien.

Zwölf Harmonien

Wir sind menschlich, wir verstehen Schönheit.

KEITH HARING

Wonach Kreation strebt, ist ein lebendiges, atmendes Ganzes. Immer neu, immer von eigener Art harmonisch und immer berührend – es ist vollkommen unmöglich, sie rational zu konstruieren. Nicht, dass es an Versuchen gefehlt hätte, aber man merkt Kreation immer an, wenn sie in einem Akt des Wollens und nicht des Findens entstanden ist. Wenn das analytische Boot die Entscheidungen getroffen hat, nicht der intuitive Wal. In den Worten von Paul Cézanne: »Es gibt eine Farbenlogik, der Maler schuldet nur ihr Gehorsam. Niemals der Logik des Gehirns, wenn er sich der ergibt, ist er verloren. Immer der Logik der Augen.«

Die Erklärung ist einfach. Wie viele bewusste Entscheidungen hätte Goethe fällen müssen, wenn er seinen »Faust« rational durchdacht und konstruiert hätte schreiben wollen? Wie viele plausible Alternativen hätte es für jede einzelne Szene, jede Figur, jeden einzelnen Satz gegeben?
Was hätte Beethoven noch alles mit dem »tatata-taaa!« der 5. Symphonie

anstellen können, wie hätte jeder Takt, jeder Ton anders fortgesetzt, entwickelt, variiert werden können?
Die Antwort ist immer gleich: Es gibt viel zu viele Möglichkeiten, um bewusst aus ihnen zu wählen.

Der Kreativprozess ist ein einziger, gewaltiger, unablässiger Strom von Entscheidungen. Dieser Strom beginnt meist langsam, weit vor dem ersten Wort, dem ersten Ton, dem ersten Pinselstrich, wenn zuerst nur vage Ideen sich langsam formen und Gestalt annehmen. Dann nimmt er immer rascher Fahrt auf bis wir im »Flow« sind, dem Zustand, in dem sich unsere kreativen Entscheidungen wie von selbst zu treffen scheinen.
In diesem Entscheidungsstrom fließen unzählige kleinste und größte Entscheidungen ineinander: über den nächsten Satzanfang und den Spannungsbogen des ganzen Epos, über die Tonart des Songs, die Haarfarbe der Heldin und welcher Marmorblock zu »David« werden soll, über die Komposition des ganzen Wandgemäldes und jeden einzelnen Pinselstrich, über Leben oder Tod des Helden und die Kameraposition am Ende von Szene 23.

Ich kenne keinen anderen Prozess, der einen solchen gewaltigen Entscheidungsstrom benötigt. Vielleicht liegt das schlicht in der Natur von Kreation: sie ist immer neu – also muss alles neu entschieden werden.
Die allermeisten dieser Entscheidungen treffen wir im nichtbewussten Bereich, anders könnten wir die erforderliche Menge und Geschwindigkeit der Entscheidungen unmöglich erreichen. Weil uns diese Entscheidungen nicht bewusst sind, ist es leicht, zu übersehen, dass die Schöpferische Intuition den absoluten Löwenanteil der kreativen Arbeit bewältigt – fast unbemerkt während sie es tut, aber wenigstens manchmal bestaunt, wenn wir uns hinterher verblüfft fragen: »Wo hab' ich denn das jetzt gerade hergeholt?«
Das bewusste Planen und Durchdenken ist lauter und präsenter, aber es ist eben nicht die entscheidende Kraft, für die es sich hält.

Das wird dann besonders gut sichtbar, wenn wir wissen und nachverfolgen können, dass ein großes Werk akribisch geplant wurde. J. K. Rowling hat die 7 Bände von »Harry Potter« nicht nur mit Unterstützung komplexer, selbstgezeichneter Tabellen geschrieben, sie hat nach eigener Aussage bereits beim Schreiben der ersten Kapitel einen klaren und über Jahre ausgearbeiteten Plan für die gesamten sieben Bände gehabt. Sie selbst sagt:

»Du musst planen (...): Wo willst du hin, auf welches Ziel arbeitest du zu, was wäre ein guter Start?«
Also doch Konstruktion?
Im Gegenteil:
Was wie Konstruktion aussieht, ist lediglich die Sortierung der intuitiven Entscheidungen. Sie gehen den planerischen Entscheidungen notwendig voraus.
Denn wie »konstruiert« J. K. Rowling, wie trifft sie in der unendlichen Zahl der Alternativen ihre Wahl zu Charaktereigenschaften, Vorgeschichte, Stärken und Schwächen allein des knappen Dutzends Hauptfiguren? Und wie bewältigt sie die überwältigende Komplexität, die entsteht, wenn diese Charaktere in immer neuen Konstellationen aufeinandertreffen? Wenn sie sich menschlich weiterentwickeln?
Sie plant, das stimmt.
Sie sortiert und strukturiert. Sie synchronisiert Ereignisse, knüpft Verbindungen, legt Fährten, plant Storylines – und das muss sie, damit am Ende das Gewebe der Geschichte stimmig und fehlerfrei ist.
Aber die Basis dieser Planungen sind immer intuitive Entscheidungen. Entscheidungen, die zuallererst stimmig sein müssen, menschlich wahr. Einen Charakter wie Professor Snape kann man nicht »konstruieren«, man muss ihn fühlen, nur dann werden seine Konflikte, seine innere Zerrissenheit glaubwürdig, nur dann passt am Ende alles nicht nur logisch, sondern auch emotional zusammen. Nur wenn wir jeden Verrat, jedes Opfer, jeden Moment des Verzeihens menschlich nachvollziehen können, erreicht eine Geschichte das Level von Wahrhaftigkeit, dass sie zu einer großen Geschichte macht. Mit 50 Bit pro Sekunde ist ein solches Niveau von stimmiger Komplexität schlicht nicht herzustellen.

Der beste Beweis, dass selbst scheinbar durchkonstruierte Werke wie »Harry Potter« intuitiv entstehen, liefert Rowling selbst, wenn sie beschreibt, wie viele ihrer Pläne vom (intuitiven) Sog der Geschichte über den Haufen geworfen wurden: »Hagrid sollte eigentlich sterben, aber ich hatte immer dieses Bild vor Augen, wie er im siebten Band den scheinbar toten Harry aus dem Wald trägt. Das hat Hagrid gerettet.« Ein inneres Bild, eine Vorstellung, ein Gefühl hat die Geschichte geformt, keine rationale Abwägung.

Diese Entscheidungen der Schöpferischen Intuition sind der Grund, warum die finalen Versionen von Beethovens 5. Symphonie, Goethes Faust, J.K. Rowlings Harry Potter und unzähliger anderer Werke jene unmittelbare Wucht des »es hätte gar nicht anders sein können« besitzen.

Ich habe als Jugendlicher einmal meinen Musiklehrer und Mentor gefragt, was denn nun das Besondere an Bach oder Mozart sei. Seine Antwort (er war erfahrener Komponist und Arrangeur): »Versuch mal, auch nur einen einzigen Ton zu ändern. Es wird immer schlechter sein als das Original.«

In Kommunikation ist es genauso. Als Loriot starb, schaltete der Art Directors Club die Traueranzeige: »Lieber Gott, viel Spaß.« Dieser Satz ist nicht analytisch entstanden und rational überprüft worden. Er kam aus dem Nichts, fix und fertig, zusammen mit diesem unverwechselbaren »genau richtig!«-Gefühl im Schlepptau. Keine Silbe, kein Buchstabe dürfte anders sein.
Der Edeka-Weihnachtsspot: wahr und auf den Punkt. »Dear Brother« für Johnny Walker: in jeder einzelnen Sekunde stimmig.
All das bedeutet nicht, dass wir im kreativen Prozess nicht immer wieder nachdenken, überprüfen, hinterfragen sollen, dass wir nicht manchmal verschiedene Varianten durchspielen müssen – es bedeutet nur, dass das Ergebnis ein bestimmtes Level von »lebendig« und »wahr« erreichen muss, um uns zu berühren – und vielleicht Klassiker zu werden. Den Weg zu diesem Ergebnis findet nur die Intuition.

Der amerikanische Philosoph Brand Blanchard schreibt zum Schlussmonolog von Shakespeares »Othello«: »In Shakespeares Geist hat sich nur eine einzige Möglichkeit präsentiert, ohne jede Alternative. (...) Er gibt uns ein Ende, das vollkommen organisch zu allem passt, was vorher geschah.« Es ist das Wesen großer Künstler, schreibt Blanchard, dass es »ihnen gelingt, sich weit mehr als jeder normale Mensch den Notwendigkeiten zu ergeben, die sie in sich – und zugleich außerhalb ihrer selbst vorfinden.«
Mit anderen Worten: Große Künstler lassen zu, dass sich die Harmonien verwirklichen, ohne ihnen mehr als unbedingt nötig in die Quere zu kommen. Große Kreative auch: Sie lassen den Wal machen. Und Hagrid leben.

Natürlich weiß Blanchard nicht, ob Shakespeare nicht doch über zwei oder drei alternative Enden nachgedacht hat, aber das würde nur bedeuten, dass der Dichter aus Millionen von Möglichkeiten zwei weitere bewusst in Augenschein genommen hat, mehr nicht.

All das zeigt die Unmöglichkeit, Kreation und Kreativität bewusst zu kontrollieren. Kreation ist grundsätzlich unplanbar und unbeherrschbar. Die Zahl der möglichen neuen Ideen ist, nach allem was wir wissen, nah genug dran an »unendlich« um noch ein paar Millionen Jahre lang neue Haikus, Ballkleider, TV-Serien und Motivtassen zu erlauben.

Aber es gibt Orientierung.
Die zwölf Harmonien beschreiben, in welchen Bereichen die Kreative Intuition Harmonien erkennt und erschafft. Und sie zeigen, wo man nachschauen kann, wenn unser Wal mal wieder in seiner unnachahmlich unpräzisen Art meldet: »Das hakt, das stimmt so noch nicht, das muss irgendwie besser.«

Die ersten neun Harmonien beziehen sich auf das Ergebnis unserer Arbeit, auf Kreation selbst. Die zehnte prägt den Schritt von der Information in die Kreation und die letzten beiden laufen außer Konkurrenz, sie sind die Harmonien der Transzendenten Intuition.

Klarheit: Die Harmonie der Reduktion

Michelangelo hat angeblich auf die Frage Papst Julius des II., wie er die Statue des »David« erschaffen habe, geantwortet: »Ich schlug einfach alles weg, was nicht David war.«
Im kreativen Prozess gehört genau das zu den wichtigsten und schmerzhaftesten Aufgaben. Eine Idee zu reduzieren, gar wegzulassen ist oft nicht weniger schwierig, als überhaupt eine Idee zu haben. Den Widerstreit, den wir dabei mit uns selbst austragen, gewinnen wir nicht immer. Und ein Widerstreit ist es, denn unsere Intuition weiß natürlich ganz genau, wann Kreation noch nicht klar, einfach, reduziert ist.
Wenn uns allerdings Klarheit gelingt, ist die Wirkung unmittelbar: Wir vermissen nichts und alles ist – klar. Kreative kennen das: man kürzt einen Text um ein Drittel, wirft aus einer Geschichte zwei Seitenstränge hinaus,

konzentriert sich im Facebook-Post auf nur eine starke Idee, ein zentrales Wort und plötzlich stellt sich eine ganz andere Wirkung ein, es entsteht eine bestimmte Wucht, weil die Kreation konzentriert ist, nur eine einzige Sache erzählt. Diese »einzige Sache« kann auch ein gewaltiges Epos sein, wie die Odyssee oder der Herr der Ringe, ein gigantisches Schloss wie Versailles oder eine globale, crossmediale Brand Campaign, solange Kreation niemals mehr sein will als die Umsetzung der einen Idee, solange sie nie mehr kommunizieren will als den einen Kern. Es ist kein Zufall, dass am Beginn des kreativen Prozesses die Suche nach diesem einen Kern stehen muss.

Hier, wie bei allen anderen Harmonien gilt: Wir fühlen, ob uns Klarheit gelungen ist, lange, bevor wir es wissen.

Ganzheit: Die Harmonie der Vollständigkeit

Diese Harmonie tritt in vielen Gestalten auf und sie gehört zu den Harmonien, die in ihrer Abwesenheit am Sichtbarsten werden.

Wenn das Motiv des Mörders nicht klar wird, wenn die eine Zahl fehlt, die das veränderte Mediennutzungsverhalten der Zielgruppe 20–49 drastisch illustriert, wenn der Gedankengang der Antrittsrede eine Lücke hat, sinkt sofort die Wirkung aller anderen Aspekte:

Schönheit der Sprache, Brillanz der Idee, gelungene grafische Umsetzung oder starke Dramaturgie können sich gegen das Störgefühl der Lücke nur schwer durchsetzen. Wenn im Wal die leise Unruhe des »irgendwie fehlt was« pocht, zeigt das: Wir brauchen ein Gefühl von Vollständigkeit, das wir erst dann bemerken, wenn es abhandenkommt.

Ist Vollständigkeit da, ist sie unsichtbar. Sie lässt keine Fragen offen – und wir haben keine. Und schon jetzt, bei der zweiten Harmonie, wird erkennbar, warum Kreation als Spiel der Harmonien für das bewusste Denken unbeherrschbar sein muss: Es geht nie um eine Harmonie allein. Kreation ist das Spiel mit allen Harmonien gleichzeitig. Denn: Wo liegt die Grenze zwischen Vollständigkeit und Reduktion? Wie entscheiden wir, ob es auf den Punkt ist, zu wenig oder zu viel? Und später: wie gehen Brüche und Gleichgewicht zusammen? Wann ist eine Polarität spannend, wann nichtssagend?

Wieder gilt: wir entscheiden es nicht.
Die Intuition erkennt es.

Rhythmus: Die Harmonie der Bewegung

Nicht nur Sätze können stolpern, Texte können es, Geschichten, Filme, sogar Layouts. Auch hier ist unsere eigene Lebendigkeit der Schlüssel: Tanz zum Beispiel ist (mehr oder weniger) harmonische Bewegung und selbst, wenn wir unserer Flamme aus der 10b dabei auf die Füße trampeln, wir wissen doch, wie es hätte sein können, weil wir seit lange vor unserer Geburt im Rhythmus unseres Herzschlages und im Flow unseres Atems gelebt haben.
Wir müssen deshalb keine vier Semester Dichtkunst studieren oder Ahnung vom Unterschied zwischen Jambus und Trochäus haben, um auch mit Sprache rhythmisch und im Flow umzugehen, wie jeder Poetry Slammer und sehr viele Rapper beweisen. Es genügt, lebendig zu sein, um intuitiv zu wissen, wann eine Bewegung »stimmt«, fließt, rhythmische Eleganz besitzt.
Das gilt für die Ebene der Worte und der sprachlichen Rhythmen, aber wir übertragen dieses Wissen mühelos auf Packungs-Design, die Storyline eines TV-Spots und die 12 Folgen eines Unternehmens-Podcasts, die sieben Staffeln einer Serie, sogar auf Architektur und Fotostrecken in Magazinen. Wir verstehen Rhythmus so grundsätzlich, so tief, dass wir ihn überall erkennen, in jeder Form von Kreation. Wir wissen vor allem Denken, ob etwas atmet, fließt, strömt. Oder nicht.
Auch hier geht es nicht um glatte, »heile« Oberfläche. Der Unterschied zwischen rhythmisch und monoton ist essentiell: Monotonie betäubt. Rhythmus belebt, weil er fließt und atmet, Höhepunkte bildet, ruhigere Phasen sucht. Er wird durch Pausen stärker, durch Variation lebendiger. Harmonie ist die Harmonie der Gegensätze, auch hier.

Es ist faszinierend zu beobachten, wie der Körper von Menschen reagiert, die unrhythmische Kreation bewerten sollen. Das Fehlen der Harmonie zeigt sich fast immer in abgehackten, ruckartigen Bewegungen der Arme und des Kopfes – und durch irritierte Blicke. Wir empfinden die Verletzung dieser Harmonie (und aller anderen) tatsächlich als unangenehm, manchmal sogar als – verletzend. Auch das zeigt, wie fundamental die Harmonien sind und wie stark unser Zugang zu ihnen ist.

Polarität: Die Harmonie der Gegensätze

Ohne Polarität keine Story, keine Kreation, keine Spannung, kein Interesse.
Wenn die Analogie die Urform aller Kreation ist, dann beschreibt Polarität, wie weit die beiden Seiten des »dies ist wie das« auseinander liegen, in welcher Spannung sie zueinander stehen.

Wäre David ein drei Meter großer, erfahrener Krieger gewesen, mit zentnerschwerem Panzer und einem Speer, dessen Spitze allein sieben Kilo wog, so wie sein Gegner, der Philister Goliat, die Bibel hätte seine Geschichte nie erzählt – und auch niemand sonst. Aber er war zum Glück ein schmächtiger Hirtenjunge, unbewaffnet bis auf seine lederne Steinschleuder und alle hörten gebannt zu – bis heute.

Es gibt tatsächlich keine einzige Story ohne Polarität. Und es braucht noch nicht einmal eine Geschichte, um Spannung zu erzeugen, ein einziges wirkungsvolles Bild genügt:
Der Tiger und der Tank sind gegensätzlich genug, um interessant zu sein.
Der Satz »Geiz ist geil« lebte von seiner Spannung zu dem, was man Anfang der 2000er in Deutschland öffentlich sagen konnte – »geil« gehörte definitiv nicht dazu, und Geiz war als eine der sieben Todsünden auch kein Kandidat für öffentlichen Jubel.
Gibt es eine epischere Polarität als die Beinahe-Berührung von Gott und Adam in der Kuppel der Sixtinischen Kapelle? Eine lustigere Polarität, als die absurde Überhöhung simpelster Heimwerker-Projekte in den grandiosen Hornbach-Kampagnen? Und wenn Till Lindemann mit seiner Band Rammstein den Song »Engel« in düsterstem 30er-Jahre-Tremolo mehr spricht als singt, während aus seinen metallenen Flügeln Flammen schlagen, dann sind die Polaritäten Himmel und Hölle so nah beieinander, wie selten.

Natürlich kann Polarität auch schiefgehen. Zu schwach sein, wenn der biblische David ein Krieger gewesen wäre wie Goliath. Oder ihre Pole liegen schlicht zu weit auseinander, so dass Spannung gar nicht erst entstehen kann. Dann reagieren wir ungläubig und schulterzuckend.
Die Kunst besteht darin, Pole mit maximaler Spannung zueinander finden zu lassen, Analogien, die so neu, unerwartet, spannend sind, dass wir die Information in neuem Licht sehen.

Balance: Die Harmonie des Gleichgewichts

Polarität ist nichts ohne Gleichgewicht. Schon Aristoteles spricht in seiner »Poetica« davon, dass Geschichten immer danach streben, in Balance zu kommen. Die Spannung der Pole will sich auflösen, ganz egal, worin die Spannung besteht.
Immer geht es um Gleichgewicht, egal ob in Star Wars Luke Skywalker die Übermacht der dunklen Seite durch die Liebe zu seinem Vater Darth Vader überwindet, oder David die gewaltige Rüstung Goliaths durch Geschick und Mut ausgleicht. Egal, ob ein Facebook-Account uns die ganze Zeit mit schönem Content beschenkt, so dass es in Ordnung ist, wenn er uns hin und wieder ein Angebot macht – immer erkennen wir Gleichgewicht und seine Abwesenheit, lange bevor wir analysiert haben, woran unser Unbehagen oder unsere Zustimmung liegt.
Woher wir das wissen?
Weil Balance etwas ist, womit wir auf allen Ebenen, vom aufrecht stehen bis zu einer glücklichen Beziehung nonstop befasst sind.

Eine der Wurzeln dieses Balance-Gefühls liegt in den Symmetrien der Natur, allen voran der Symmetrie des menschlichen Körpers, wie sie auf Michelangelos berühmter Zeichnung des Vitruvianischen Menschen zu sehen ist. Unser Körper ist wie der vieler Lebewesen von Bakterien, über Blumen bis hin zu Walen grundsätzlich symmetrisch aufgebaut – allerdings immer nur annähernd symmetrisch, mit kleinen Abweichungen. Gäbe es diese Abweichungen nicht, bekämen zum Beispiel menschliche Gesichter eine oft langweilige, manchmal furchteinflößende Kälte und Neutralität, wie diverse Versuche mit per Photoshop künstlich symmetrisch geformten Gesichtern zeigen.

In der Architektur ist Symmetrie deshalb oft nicht perfekt. Schon im alten Ägypten waren die Tempel »nur auf den ersten Blick vollkommen«, schon auf den zweiten Blick enthüllen sich in Statuen oder Sargdekorationen »wohldurchdachte Abweichungen«, wie Erik Hornung schreibt. Renaissance-Architekten gaben ihren gemalten Visionen der »idealen Stadt« bei aller symmetrischen Konstruktion immer kleine Varianten und Abweichungen mit.
In den Künsten wie Malerei, Musik, Theater spielt Symmetrie nur selten eine Rolle, aber in Sprache erscheint sie immer wieder und extrem wirkungsvoll in Figuren wie dem biblischen »Auge um Auge, Zahn um Zahn« oder dem fast perfekt symmetrischen »Geiz ist geil« der Kampagne für »Saturn«. Gerade an »Geiz ist geil« wird sichtbar, wie sehr die lebendigen Symmetrien die kleine Abweichung brauchen. Ein einziger Buchstabenwechsel im zweiten Schlüsselwort, der von »z« zu »l« genügt, um eine nicht perfekte und gerade deswegen makellose Zeile zu ergeben.

Diese lebendige Symmetrie des »nicht ganz Gleichen« unterscheidet die Symmetrien in Biologie und Kreation von denen der Mathematik, die immer makellos sind. In der Symmetrie des: »1+2 = 2+1« ist kein Platz für Varianten und Abweichungen.
Symmetrien sind also vielschichtig – wenn wir sie als Grundlage unseres Balance-Gefühls verstehen, kommen wir ihrer Rolle vielleicht am nächsten.

Story: Die Harmonie der Geschichte

Wir alle erkennen ohne die geringste Mühe, ob eine Geschichte spannend ist, funktioniert, oder nicht. Selbst, wenn wir es nicht bewusst tun: Jedes zappen, umblättern, weitersurfen ist Ausdruck davon, genau wie die Frage: »... eine noch!?« nach drei Netflix-Folgen, unterbrochen nur durch Pinkelpausen.

Joseph Campbell («The hero with a thousand faces«) und Christopher Booker (»The seven basic plots«) haben die Urformen aller Geschichten offengelegt, Campbell mit der vielzitierten »Heldenreise« und Booker mit sei-

nem Nachweis, dass es überhaupt nur sieben unterschiedliche Urgeschichten gibt, in denen die Heldenreise sich verwirklicht.
Booker und Campbell haben nur sichtbar gemacht und herausgearbeitet, was wir schon immer durchschaut haben: die Magie einer Geschichte. Und natürlich auch: die fehlende Magie.
Das Thema Storytelling ist viel zu groß für einen Absatz, aber auch hier geschieht das Gleiche wie bei den anderen Harmonien: Unsere Intuition erkennt, wann eine Geschichte funktioniert, wahr ist, uns mitreißt – und wann nicht. Und auch hier ist der Grund der gleiche: Unser Leben ist eine universelle Geschichte, wir alle sind auf der Heldenreise, kämpfen mit Monstern, versuchen, vom Bettler zum König zu werden und deshalb wissen wir, wann eine Geschichte wahr ist, Harmonie besitzt, innere Stimmigkeit.

Entwicklung: Die Harmonie der Richtung

Alle Geschichten, die wir erzählen, sind Geschichten über uns Menschen. Die Harmonie der Richtung bedeutet hier die tiefere Stimmigkeit einer Entwicklung, einer Entscheidung.
Entweder habe ich »LaLa-Land« einfach nicht verstanden, oder es ist ein brillantes Beispiel für die Richtungslosigkeit einer Geschichte. Große Spannung zuerst, großer Flirt, große Liebe und dann geht sie irgendwie an die Westcoast wegen eines Jobs und er bleibt halt da und man sagt sich dann so Tschüss und dann ist der Film vorbei. Vielleicht passt diese Unverbindlichkeit zum Zeitgeist, aber Wucht und Magie kann das nicht entfalten, weil die Energie, die Richtung, die die Geschichte eingeschlagen hat, schlicht verpufft.

Und selbst, wenn ich bei LaLa-Land etwas Entscheidendes übersehen habe: Wir alle kennen Stories, aus denen wir mit einem Schulterzucken hinausgehen, wenn wir denn überhaupt bis zum Ende bleiben. Wir Menschen sind Richtung, sind Entwicklung. Gerade auch die Zeiten, in denen wir unsere Richtung verloren haben, beweisen das. Wenn dann zwei Liebende so auseinandergehen, als hätten sie nur zufällig einen Co-Working-Space geteilt, ist das so, als würden sich zwei Todfeinde plötzlich die Hand

reichen und sagen: »Ach was soll's, Schwamm drüber« – es missachtet die Harmonie der Entwicklung. Und wir sind raus.
Aber wenn sich Bruce Willis in »Armageddon« als Weltraum-Haudegen für seine Tochter und ihren Geliebten opfert, (den er kurz zuvor noch mit der väterlichen Schrotflinte auf Abstand gehalten hatte), dann ist das vielleicht pathetisch und etwas kitschig, aber es folgt der Logik des Lebens. Einer Logik, deren Bruch König Theoden im »Herr der Ringe« so bitter beklagt: »Es ist nicht recht, dass der Vater seinen Sohn begrabe.« Und wir fühlen: So ist es. In beiden Fällen.

Bruch: Die Harmonie des Twists

Nichts im Kreativprozess ist schwieriger – und notwendiger – als einen Bruch zu erzeugen. Nicht irgendeinen Bruch, nicht den Abriss einer Storyline, das Auseinanderbrechen eines Textes, sondern einen Bruch, der »wahr« ist. Der überrascht, sich aber trotzdem »richtig« anfühlt. Diese Art von Bruch ist eine hohe Kunst. Ohne Bruch, oder neudeutsch: »Twist«, ist Kommunikation nur Waschmittelwerbung a la: »Ohne X ist die Wäsche grau aber, Überraschung! mit X ist die Wäsche weiß.« Wer bei so einem »twistfreien« TV-Spot nicht aufs Klo oder zum Kühlschrank rennt, ist selbst schuld oder schon eingeschlafen.
Persil hat vor ein paar Jahren vorgemacht, wie ein Twist in Waschmittelwerbung geht: Indem man Schmutz an Kinderkleidung nicht verteufelt, sondern ihn zum ersten Mal überhaupt feiert als Zeichen dafür, dass die Kids sich die Welt erobern und groß und stark werden. Denn nur wer total dreckig nach Hause kommt, hat da draußen was erlebt und gelernt, ist ein kleines Stück vorangekommen auf dem spannenden Weg des Erwachsenwerdens. »Dirt is Good« war ein großer Erfolg.

Der klassische Ort für den Twist ist das Ende eines TV-Spots, eines Gedichtes, eines Songs. Der Moment im Edeka-Weihnachtsspot, als sich herausstellt, dass der totgeglaubte Vater lebt – und alles nur ein Trick war, um die Familie wieder zusammenzubringen. Die letzten Zeilen in »Drive my Car« von den Beatles, in denen sich herausstellt, dass das hochnäsige Starlet, das Paul McCartney einen Job als ihr persönlicher Fahrer anbietet, gar kein

Auto hat – »but I found a driver and that's a start«. Die letzten Momente in Ridley Scotts »Blade Runner«, als uns klar wird, dass der Detective, der zwei Kinostunden lang künstliche Replikanten mit gnadenloser Härte gejagt und getötet hat, erkennen muss, dass er selbst ein Replikant ist.

Die Anforderung an einen solchen Twist ist hart. Er muss radikal überraschen und trotzdem völlig stimmig sein. Wir dürfen ihn nicht kommen sehen, aber er muss gleichzeitig unmittelbar überzeugen.
Kann man das konstruieren? Nein. Muss man auch nicht. Der Wal mit seinem Zugang zu der Harmonie der Brüche findet diese stimmigen Überraschungen.

Symbol: Die Harmonie der Bedeutung

Wenn das, was passiert, nicht nur in sich, sondern auch auf einer höheren, symbolischen Ebene stimmig ist, dann erreicht Kreation eine ganz besondere Qualität. In der Familie Richardson, dem Mittelpunkt von Celeste Ng's »Little Fires everywhere«, brennt es – metaphorisch – an allen Ecken und Enden. Von Mobbing über eine ungewollte Teenager-Schwangerschaft bis zum ganz alltäglichen Rassismus wird kaum ein heißes Gegenwartsthema ausgelassen – und alles geschieht unter der scheinbar heilen Oberfläche einer zutiefst konservativen Vorzeige-Gemeinde. Wenn am Ende der Geschichte das Anwesen der Richardsons dann tatsächlich in Flammen aufgeht, dann besitzt dieses Bild die Wucht des »genau richtig«, weil das brennende Gebäude all die ungelöschten menschlichen Brandherde der Familie so direkt symbolisiert.

Analogie: Die Harmonie der Spiegelung

Im Herzen von Kreation steht, wie wir gesehen haben, die Analogie.
Auch die Suche nach ihr ist die Suche nach einer Harmonie: der Harmonie zwischen der Information und der Analogie, die sie spiegelt und übersetzt.

Und auch hier fühlen wir in der vertrauten Lichtgeschwindigkeit, dass der Wolf im Tank nicht die perfekte Analogie ist. Oder, noch besser: der Wolf erreicht gar nicht erst die Ebene unseres Bewusstseins, erscheint nie als Idee vor uns, weil er vorher am Filter dieser Harmonie scheitert.

Die Harmonie zwischen Information und ihrer Analogie ist so zwingend notwendig, so grundlegend für Kreation – funktioniert sie, funktioniert Kommunikation, manchmal über Jahrzehnte. Ist die Harmonie nicht erfüllt, scheitern auch große Marken, große Kampagnen.

Es ist klar, dass Meister Proper weder langhaarig noch untersetzt oder gar niedlich aussehen darf, denn er ist die Analogie für kraftvolle und schnelle Reinigungswirkung. Information und Analogie sind in Harmonie und alles ist gut.
Als Camel anfing, seine Zigaretten nicht mehr mit einem wettergegerbten, männlich dreinblickenden Abenteurer, sondern mit lustigen Kamelen zu bewerben, war der Absturz der Marke nur eine Frage der Zeit, obwohl die Kinospots echt lustig waren. Warum? Kein Mann wollte mehr mit einer »lustigen« Zigarette am Bartresen gesehen werden. Bach wäre ja auch nicht auf die Idee gekommen, »... und die Erde lag wüst und leer« als Lied für Laute und Kinderchor in C-Dur zu komponieren.

Selbst: Die Harmonie mit mir

Die letzten beiden Harmonien gehören zur Transzendenten Intuition, sind also zutiefst persönlich. Nur wir selbst können fühlen und erkennen, wo wir richtig sind, was zu uns passt, ob wir auf unserem eigenen Weg sind oder ein Leben leben, das nicht unseres ist. Sind wir nicht in Harmonie mit diesem persönlichen Kern, merken wir das häufig nicht sofort. Aber es zehrt an uns, kann uns aushöhlen. Sind wir in Harmonie mit unserem Selbst, dann ist das oft eine unerwartete, beglückende Erfahrung. Wir sind gut beraten, diesem Glück zu folgen. Manchmal erwischen eben auch Motivationssprüche auf Instagram einen Zipfel tieferer Wahrheit: »Do more of what makes you happy«.

Universum: Die Harmonie mit der Welt

Es ist schwer über diese Harmonie zu schreiben, ohne sprachlich in der Esoterik-Ecke zu landen und dabei kennen wir alle Momente der Harmonie mit der Welt. Fast immer geschehen sie in der Natur und man braucht keinen philosophischen Überbau um diese Einheit mit der Welt wahrzunehmen.

Eine Intuition

Was eine Einheit bilden soll, muss der Art nach verschieden sein.

ARISTOTELES

Intuition entsteht also aus drei Elementen unseres nichtbewussten Denkens: **GESCHWINDIGKEIT**: Es verarbeitet Informationen mit 11 Millionen Bit / sec und macht so überhaupt erst die Echtzeit möglich.
TIEFE: Das Assoziative Netzwerk mit seinen 10^{150} Bedeutungsinhalten ist die unerschöpfliche Quelle für neue Analogien, Bilder, Stories.
UNIVERSALITÄT: Intuition ist der Abgleich all dessen, was wir wahrnehmen mit den Universellen Harmonien, den Gesetzen, Strukturen, tiefen Zusammenhängen des Kosmos.

Kreative Intuition ist die einzige Intuition, die alle drei zentralen Bestandteile des intuitiven Denkens in sich vereint. Sie ist die höchste, eigentliche Form der Intuition.
Ohne sie gäbe es den Homo Creativus nicht.

Damit sind die Unterschiede der drei Intuitionen klar:

Die Transzendente Intuition agiert weit außerhalb – und unabhängig – von der nichtbewussten Datenverarbeitung, dem Assoziativen Netzwerk und den Universellen Harmonien. Sie ist so eigenartig, subjektiv und unerklärlich – wir können sie nicht erfassen, ohne auf spirituelle oder esoterische Vorstellungen zurückzugreifen. Sie ist buchstäblich eine Glaubensfrage.

Empirische Intuition ist die verkürzte Form der Intuition.
Sie nutzt die Geschwindigkeit des nichtbewussten Denkens, um in Echtzeit tiefe Muster in zu vielen oder viel zu wenigen Daten eines eng umgrenzten Bereiches zu identifizieren, ist aber begrenzt auf Themen, bei denen wir ein hohes Maß an Erfahrung und Expertenwissen erworben haben. Auf die Harmonien greift sie nur als Bewertungskriterium zurück, das Assoziative Netzwerk nutzt sie nicht.
Ihr Ziel ist Aktion.

Kreative Intuition erkennt auf Basis der Harmonien in der Echtzeit die innere Stimmigkeit von allem, was sie wahrnimmt und sie nutzt die Harmonien und das Assoziative Netzwerk, um Neues zu erschaffen. Sie ist von Anfang an da. In uns. Unabhängig von Bildung, Erfahrung oder Intelligenz. Alles, was sie benötigt, ist unsere Offenheit.
Sie macht Kreation möglich.

Die Sprache der Intuition

VI

It always whispers,
it never shouts.

STEVEN SPIELBERG

So allgegenwärtig, so überhört. So klug, so unterschätzt. So schnell, so schnell beiseite geschoben – alles Wissen um den Wal nützt nichts, wenn wir seine Stimme nicht wahrnehmen und auf sie hören.

Das ist zum Glück viel einfacher, als wir vielleicht glauben. Wir müssen nur wissen, worauf zu achten ist und worin die eigentliche Hürde besteht:
Der Wal ist äußerst präzise Wahrnehmung, die sich nicht präzise äußert.

Die sechs Zeichen des Wals

Da ist eine Stimme ohne Worte. Höre auf sie.

MUHAMMAD RŪMĪ

Die Intuition spricht zu uns, in jedem einzelnen Moment. Warum ist es dann so schwer, sie zu hören? Weil sie nicht die einzige Stimme in unserem Kopf ist. Da plaudern, quasseln, argumentieren und polemisieren noch viele weitere Stimmen durcheinander – und gegen die Intuition. In den Worten von Bestseller-Autor Rolf Dobelli: »Wer ständig in sich reinhorcht, hört hunderte verschiedene Stimmen, die sich ständig widersprechen.«
Das allein wäre verwirrend genug, aber die Stimme der Intuition hat noch ein weiteres, viel schwerwiegenderes Problem: Sie hat als einzige unserer inneren Stimmen keine Worte.
Nicht ein einziges.
Kein Wunder, dass ihr so wenige zuhören.

Der Wal ist viel früher als Sprache entstanden, sehr lange, bevor wir in der Lage waren, »Ich liebe Dich« oder »Lohnsteuerjahresausgleich« zu sagen. Während die meisten seiner Gegenstimmen laut und wortgewandt in unserem Kopf ans Mikro stürmen (und es nur sehr ungern wieder hergeben), klingt der Wal wie, nun, wie ein Wal eben. Seltsam. Undeutlich. Vage. Wie man halt klingt, wenn man von 20 Metern unter der Wasseroberfläche versucht, ein Shakespeare-Sonett zu erläutern, Eminems letzte Single zu kommentieren oder das Leben eines Menschen auf die richtige Bahn zu bringen. Und das alles auch noch ohne Worte.

Wenn er aber keine Worte hat, wie spricht er dann?
Anders.
In einer Sprache, die man besser fühlen und schauen kann als hören. Der Wal schöpft, wie wir gesehen haben, aus ganz anderen, tieferen Quellen als das Boot, hat Zugang zu Ebenen des Denkens und der Wahrnehmung, die nicht auf Sprache basieren und sich deshalb auch nicht in Sprache ausdrücken.
Wir fühlen, dass ein Mensch eine düstere Ausstrahlung hat, ein Essay uns mitreißt, ein antiker Tempel uns verstummen lässt – und wir erfahren, erkennen all das jenseits von Worten.

Das lässt uns zwei Möglichkeiten: Ignorieren, was sich wortlos meldet – oder lernen, dem Wortlosen so aufmerksam zuzuhören, wie allen anderen Stimmen. Mindestens.

Das klingt schwierig und ist mindestens ungewohnt, aber die Walsprache hat einen unschätzbaren Vorteil: Sie war schon immer da. Hat in jeder Sekunde unseres Lebens in uns und zu uns gesprochen. Diese Stimme ist vertrauter als die Stimmen unserer Eltern und näher als die Stimme unserer Geliebten, es gibt keine andere, die wir so gut kennen. Wir haben nur irgendwann unterwegs verlernt, ihr wirklich zuzuhören.
Zum Glück ist das nicht schwierig – wir müssen nur wissen, an welchen Zeichen wir die Stimme des Wals erkennen.

Das erste Zeichen: Echtzeit

Die Intuition ist schnell. Unfassbar schnell. So schnell, dass das Wort schnell viel zu langsam ist. Denn Intuition ist einfach – da. Ohne die geringste Verzögerung, in Echtzeit.
Das ist auch nötig.
Denn nur so erwischt sie diesen kostbaren Spalt in unserem Denken, diesen flüchtigen, haaresbreiten Moment, der sich öffnet, direkt nachdem wir etwas wahrgenommen haben und direkt bevor wir uns – unbeirrbar wie immer – kluge Gedanken darüber machen.
Leonard Cohen hat diesen Spalt in »Anthem« besungen: »There is a crack in everything, that's how the light gets in.«
In diesem Augenblick, so flüchtig und unscheinbar wie der erste Regentropfen auf einem See, ist sie da, die Stimme des Wals. Und was das Wichtigste ist: In diesem Moment des absoluten »Jetzt« ist seine Stimme einen halben Herzschlag lang ganz allein mit uns, ist sie die einzige Stimme, die wir hören – rein und unverfälscht.
Alles hängt davon ab, ob wir schnell genug tief genug in uns hineinhorchen.
Das ist tatsächlich eine Frage der Übung.

Das zweite Zeichen: Leise

So alt und riesig der Wal auch ist, laut ist er nicht, fast nie. Er erhebt seine Stimme nur ganz selten und nur dann, wenn es ums Ganze geht, unser Leben, unser Glück.

In allen anderen Momenten klingt er wie das Summen eines Kindes auf der Fifth Avenue zur Rush Hour: definitiv da, ganz anders, als die ganzen anderen Geräusche ringsherum und durchaus selbstbewusst – aber eben auch so leise, dass es ganz einfach ist, ihn zu überhören. Und genau das tun wir dann auch. Wenn es wichtig wäre, würde er sich schon lauter melden, oder? Dass gerade die nicht vorhandene Lautstärke (genauer: das nicht vorhandene Ego) eines der sichersten Merkmale der Wal-Stimme ist, macht es unserem bewussten Denken nicht leichter, hinzuhören. Außerdem haben wir so viele wunderbar logische, einleuchtende (und lautstarke) Argumente für die Gegenseite im Ohr – inklusive wortreicher Begründung.

Es war sicher auch vor 200 Jahren schon schwer, die Intuition wahrzunehmen im Gewirr unserer inneren Stimmen. Heute allerdings kommt die absurde Kakophonie der äußeren Stimmen dazu mit ihrem Kasernenhof voller hedonistischer Imperative: »Kaufen Sie«, »Genießen Sie«, »Gönnen Sie sich ...« Was wir da alles haben und tun und uns leisten können, nein: unbedingt sollten, wer und was da alles verbal auf uns eindrischt mit tausenden Heils- und Konsumversprechungen pro Tag – kein Wunder, dass noch nie so wenig Wal war, wie heute.

Und dabei »... kann jeder, der es will, auf die innere Stimme hören, denn sie ist in jedem von uns«, wie Gandhi einmal festgestellt hat, auch wenn das nicht ganz leicht ist, sonst hätte Steve Jobs in seiner legendären Rede zu den Stanford-Absolventen 2005 nicht sagen müssen: »Lasst nicht zu, dass der Lärm all der anderen Meinungen eure innere Stimme übertönt«. Wobei eine Menge der »anderen Meinungen« von uns selbst stammen.

Am Ende eines sehr intensiven Workshops fragte mich ein Teilnehmer, wie man denn trainieren könne, diese Stimme besser zu hören und fuhr – nur halb im Scherz – fort: »... und komm mir nicht mit Yoga!« Kam ich dann aber. Und mit Tai Chi und Wandern und Meditation und einfach allem, was uns innerlich stiller macht. Hedgefonds-Legende Ray Dalio, knapp 20 Mrd. Dollar schwer, sagt: »Transzendentale Meditation ist unbezahlbar für meine Arbeit.« Stille hilft, unsere innere Stimme überhaupt wieder zu hören. Denn die Stimme der Intuition ist unter all den Stimmen in uns leider mit Abstand – die leiseste.

Allerdings ist es nicht allein damit getan, sie überhaupt zu hören (auch wenn das definitiv ein guter Anfang ist), weil sofort die nächste Herausforderung auf uns wartet:
Wenn wir sie hören, hört sie sich anders an als erwartet.
Der Wal spricht ja gar nicht. Jedenfalls nicht so, wie man als einigermaßen kultivierter Präfrontaler Cortex des beginnenden 21. Jahrhunderts in der Regel redet: mit Worten.

Das dritte Zeichen: In Bildern

Intuition ist viel älter als die menschliche Sprache. Das ist der Grund, warum Menschen, wenn man sie bittet, eine Wahrnehmung in Worte zu fassen, oft verbal und körperlich mit den Händen ringen: »Pffff, also, ähhhm, irgendwie ...«.
Dieses Gestammel ist aber nicht so sinnlos, wie es klingt. Es verschafft uns Zeit, unsere intuitive, wortlose Wahrnehmung in Worte zu übersetzen. Das ist mühsam und das sieht man uns auch an und es dauert gern mal etwas länger, aber es lohnt sich:
Plötzlich bricht dann aus einer Workshop-Teilnehmerin heraus: »Am Ende ist der Text irgendwie ... bröselig!?« Oder ein Teilnehmer kommentiert eine Story mit dem hilflosen Ausdruck, »Irgendwie hat die in der Mitte eine Delle.«
Klar, das Boot guckt bei solchen Wortmeldungen mitleidig und leicht genervt in die Runde: »Bröselnde Texte? Storydellen? Echt jetzt?«
Wenn man versteht, woher diese Bilder kommen, welche unfassbare Verarbeitungsgeschwindigkeit und -tiefe hinter diesen scheinbar ungenauen Feedbacks steht, wenn man weiß, dass die Intuition schon längst alles mit den Universellen Harmonien abgeglichen hat, uns ihr Ergebnis aber in Bildern und Gefühlen meldet, dann nimmt man diese Metaphern ernst als das,

was sie in Wirklichkeit sind: messerscharfe Erkenntnisse, metaphorisch erzählt. Wie man diese Erkenntnisse einsetzt, werden wir später sehen.
Erstmal ist wichtig:
Der Wal redet nicht, er zeigt.

Das vierte Zeichen: Ohne Begründung

Das ist schon ein seltsames Zeichen, das darin besteht, dass etwas fehlt. Aber in einer Welt, in der es für alles, insbesondere jeden Wahnsinn eine gute Begründung gibt, von »Sachzwang« über »Globalisierung« bis hin zu »Lebensraum«, ist das Fehlen einer Begründung tatsächlich so ungewöhnlich wie Demut in der Vorstandsetage.
Gleichzeitig ist dieses Zeichen vielleicht die größte Hürde für die Intuition. Denn selbst, wenn man »im Crack« war, die leise Stimme gehört, ihre Bilder verstanden und in Worte übersetzt hat – kann trotzdem noch alles schiefgehen.
Warum?
Weil das Boot, unser rationales Denken, das Kontrollsystem, das seit tausend Generationen auf Logik und Begründbarkeit trainiert ist (und damit sehr erfolgreich war), zögert, zweifelt und sich quer stellt: »Keine Begründung? Keine Chance!«
Jeder, der schon mal einem Controller mit »Bauchgefühl« kam oder einem Gremium eine intuitive Entscheidung abringen wollte, weiß, was gemeint ist.
Gerade im aufgeklärten, abgeklärten, radikal-rationalen Westen ist die Begründung der Heilige Gral in Diskussionen und Verhandlungen. Und wir können noch nicht einmal böse darauf sein, denn das Boot macht hier schlicht seinen Job: zu kontrollieren, ob sinnvoll ist, was wir denken und reden. Wie kontrolliert man das? Indem man überprüft, ob das, was man sagen will, begründet ist.
Und bei diesem Test versagt die Intuition. Jedes einzelne Mal.

Recht hat sie trotzdem. Aber das muss man – ohne Begründung in der Hand – erst mal aushalten lernen. Genau darum wird es später im neuen Zusammenspiel der beiden Kräfte gehen.

Das fünfte Zeichen: Im Körper

Flugzeuge im Bauch, Hummeln im Hintern, den Gegner im Nacken: dass sich Glück und Angst und tausend andere Gemütszustände im Körper manifestieren, weiß jeder, die somatischen Marker sind uns schon mehrfach begegnet. Diese Marker sind einer der zentralen Wege, wie Intuition mit uns kommuniziert:
Wenn Menschen einen überraschten, tiefen Atemzug nehmen und dann – fast ohne es zu merken – ein »Ohhhhh!« über ihre Lippen segelt, der universelle Laut des Staunens, dann stehen die Chancen gut, dass sie gerade den Gendarmenmarkt in Berlin betreten, eine Kreation von Karl Lagerfeld entdeckt oder im Mittelschiff von Gaudis »Sagrada Familia« in Barcelona den Kopf in den Nacken gelegt haben.

Der Wal erkennt in der Echtzeit die innere Qualität der Dinge, ihre Nähe zu den Harmonien – und unser Körper, direkt verbunden mit dem Wal, zeigt ohne Zögern und verblüffend klar, was der Wal erkannt hat.
Oft – und meist unbemerkt – geschieht das über den Atem: der stille, resignierende Seufzer beim fünften Chart einer von Anfang an sterbenslangweiligen Präsentation; das tiefe Luftholen, wenn vor dem Waggonfenster plötzlich die ersten schneebedeckten Gipfel in den Abendhimmel ragen; das Ausatmen am Beginn der »Air« von Bach.

Aber der Körper kann noch viel präziser sprechen. Da sind die Hände einer Workshop-Teilnehmerin, die sich auf die Frage »Wie fandest Du die Story?« hoffnungslos verknoten und verschlingen, während ihr zwei Etagen höher kein klares Wort über die Lippen kommt. Die Hände hatten – natürlich – recht: Die Geschichte, die wir gerade gehört hatten, war tatsächlich genauso heillos in sich verknotet, wie die Hände der Teilnehmerin.
Oder die Schultern des Münchner Regisseurs, der das Kurzfilm-Skript eines anwesenden Kollegen mit den Worten: »Also, ich find's super!« kommentiert, während er im selben Moment mit den Schultern zuckt, die Hände flattern lässt, die Mundwinkel nach unten zieht und alles mit einem gleichgültigen »pffffff« einleitet.
Natürlich war das Skript nicht super. Sondern genau das, was die Intuition durch den Körper in der Echtzeit ausgedrückt hat: langweilig.
Ehrlich gesagt sogar sterbenslangweilig.

Das sechste Zeichen: Aus der Tiefe

Manchmal fühlen, spüren, wissen wir etwas und haben keine Ahnung, woher es kommt, nur, dass es irgendwo ganz tief in uns seinen Ursprung hat. In der Stillen Zone, die zutiefst »wir« ist und gleichzeitig komplett jenseits unserer Kontrolle. Die Esoteriker aller Zeiten haben viele Worte dafür, das Göttliche oder die Seele und vielleicht stimmen diese Namen, aber das ist hier nicht von Bedeutung.
Von Bedeutung ist, dass es diese tiefe Quelle in uns gibt und sie vor dem Wollen und Wünschen, der Gier und der Angst des Bootes geschützt ist. Das Bewusstsein mit all seiner wachen Kraft kann hier nichts steuern, nichts lenken.
Aus dieser Tiefe kommen auch die großen Entscheidungen jenseits aller Vernunft, die Braut, die am Altar die Flucht ergreift, der Manager, der die Karriere aufgibt.

Walischer Schnelltest

Mit vier Fragen können wir überprüfen, ob die Stimme, auf die wir gerade hören wollen, tatsächlich die des Wals ist – oder wieder nur vorlautes Reinreden des Bootes.

Kam unsere Wahrnehmung
- GANZ SCHNELL?
- GANZ LEISE?
- OHNE WORTE?
- OHNE BEGRÜNDUNG?

Dann war es der Wal.

Das ist einfach. Aber ab hier wird es unweigerlich und ganz von selbst anstrengend.
Erstens emotional, weil wir meistens nicht mögen, dass der Wal uns sagt: »Ganz ok, die Headline, aber nicht halb so gut, wie Du es Dir einredest, sorry« oder »Ich weiß, Du liebst die Formulierung, aber die ist ziemlich

offensichtlich überflüssig hier und – ganz ehrlich? – etwas selbstverliebt.« Zweitens inhaltlich, denn jetzt muss das Boot herausbekommen, was der Grund für die Wal-Meldung war – und das ist nicht ganz einfach.
Drittens ganz faktisch: Wir müssen noch mal ran.

Die sechs Stimmen aus dem Off

Wenn du eine Stimme in dir hörst, die sagt: »du kannst nicht malen!«, dann male, und diese Stimme wird verstummen.

VINCENT VAN GOGH

Mit Bewusstsein und Denken – mit dem Boot – kam auch das Ego in die Welt, genauer, in unseren Kopf. Und der Beziehungsstatus zum Wal steht seitdem auf »Es ist kompliziert«.
All die Brillanz des Bootes in der Analyse, im Finden des Kerns, im Klären und Präzisieren hat seinen Preis:
»Seine Majestät, das Ego« (Sigmund Freud).
Der Wal »ist« einfach nur. Er erkennt und erschafft und gibt uns was er erkennt und erschafft, gern und frei. Er ist keine beleidigte Leberwurst, wenn wir nicht auf ihn hören.
Das Ego tickt anders. In seiner Angst, seinem Stolz und seiner Verkopftheit will es immer etwas, vor allem reden und meist gegen den Wal.
Es besitzt ganz verschiedene Stimmen und es sind diese Stimmen, die für all die Falschmeldungen verantwortlich sind, denen wir in Kapitel 3 begegnet sind.

Wenn unsere Intuition falsch war, dann liegt das nicht an unserer Intuition, sondern daran, dass wir geglaubt haben auf sie zu hören, während uns in Wirklichkeit eine andere Stimme in die Irre gelenkt hat. Unsere Fähigkeit, die Echtzeit zu nutzen, erfordert vor allem die Unterscheidung der intuitiven Stimme von all den anderen, die nonstop und sehr viel lauter als sie versuchen mit- und reinzureden.

Wie erkennen wir diese Stimmen? Das ist bei der Stimme des Bootes verblüffend einfach, denn Intuition und Analyse benutzen die beiden Pole unserer Sprache und klingen entsprechend unterschiedlich. Der Wal

spricht, wie wir bereits gesehen haben, ausschließlich in bildhafter, sinnlicher Sprache: Da »bröselt«, »prasselt« oder »schlendert« es, da ist Kreation »unbunt« oder »zackig«.
Das Boot dagegen redet komplett anders: Es nutzt vor allem abstrakte, sachliche Sprache für die Bewertung von Kreation, da ist ein Text oder TV-Spot »strukturiert«, »informativ« oder »verständlich«. Wann immer wir diesen zweiten Pol unserer Sprache benutzen, steht sehr wahrscheinlich eine der sechs Gegenstimmen an unserem inneren Mikro.

Aber es gibt noch ganz andere Stimmen, manche von ihnen sind nur sehr schwer von der Intuition zu unterscheiden. Sie überhaupt zu kennen ist der erste Schritt, um sie wiederzuerkennen und am Ende aus dem Kreativ-Prozess heraushalten zu können.

Die erste Stimme: Macht & Kontrolle

Die Intuition weiß immer, wie gut etwas ist – aber nicht, warum es gut ist. Genauso wie sie mit Bildern, Ideen, Analogien und Geschichten um sich wirft und nicht sagen kann, warum es die Richtigen sind.
Unser Boot kommt damit nicht klar, es wird unruhig, fast hektisch und versucht, seinen Job zu machen – und dieser Job ist die Analyse. Das Problem dabei: eine fundierte, präzise Analyse dauert. Und zwar sehr viel länger, als es dauert, Kreation zu erkennen. Hier zeigt sich wieder der Geschwindigkeitsunterschied zwischen dem bewussten Denken mit seinen maximal 50 Bit pro Sekunde und dem 250.000 mal schnelleren nichtbewussten Denken.
Das Ego und mit ihm das Boot aber will Macht und Kontrolle und wenn der Wal – zumindest in den Augen des machtbewussten Bootes – plötzlich Chef spielt, dann wehrt sich das Boot: hinterfragt, kritisiert, zerredet – gern auch das, wovon die Intuition weiß, dass es gut ist. Zum Glück ist diese Stimme relativ leicht zu erkennen: An seiner oben erwähnten abstrakt-faktischen Sprache.

Die zweite Stimme: Angst & Furcht

Die andere (manche sagen: die ursprüngliche) Seite von Macht & Kontrolle ist Angst. Vor dem Unbekannten, dem Rätselhaften, dem Begründungslosen. Der Wal ist all das: unbekannt, rätselhaft, begründungslos, deshalb macht er unserer rationalen Seite Angst, verständlicherweise. Das Boot hat Angst dem Wal zu vertrauen, denn es wäre zuerst einmal ein blindes Vertrauen, bis das Boot die Analyse gefahren hat. Meiner Erfahrung nach ist das der schwierigste Moment, die eigentliche Hürde im Umgang mit unserer Intuition: Nicht, sie wahrzunehmen, sondern ihr tatsächlich blind zu vertrauen.

Und Angst besitzt noch weitere Facetten. Da ist z.B. die Angst, dass etwas nicht gut genug sein könnte, die uns dazu bringt, eine eigentlich schwerelos-treffende, schöne Idee kaputtzuverbessern. Oder die Angst, »es« gar nicht zu können, das Schreiben, Komponieren, Erfinden, Malen.
Angst essen nicht nur Seele auf, sondern manchmal auch Kreation.

Die dritte Stimme: Faulheit & Druck

Ich weiß nicht, wie oft ich Kreation abgegeben habe, die ich selbst nicht richtig großartig fand. Viel zu oft jedenfalls. Mal war es der Druck der Deadline, mal war es die Verlockung, endlich Feierabend zu machen, oft wollte ich einfach nicht »nochmal ran«. Wir merken das und lassen unser Boot dann Ausreden finden von »passt schon« bis zu einem Satz, den viele von uns schon mal heimlich gedacht, aber wahrscheinlich nicht laut ausgesprochen haben. Es ist die lustigste Ausrede überhaupt, auch weil sie zugleich so schön absurd ist:
»... das merkt doch keiner.«
Schön wär's.
Kreation, die ich mit diesem inneren Kommentar abgegeben habe, kam fast unweigerlich wieder zu mir zurück, häufig mit verblüffend genauem Feedback. Denn irgendwer hat »das« immer gemerkt und inzwischen weiß ich auch warum: Die anderen, seien es Kunden oder Kollegen, haben natür-

lich den gleichen Wal und prüfen die gleichen Harmonien ab wie ich, denn die sind universell, nicht individuell.

Die Hürde »Faulheit« wird immer bleiben. Es ist einfach verdammt unbequem auf Wal zu hören, der uns ja die ganze Zeit zeigt, wo etwas noch nicht fertig ist, wo wir eben doch noch ein weiteres Mal »ran müssen«.

Mein erster Kreativchef war ein ebenso brillanter wie freundlicher Boss. Wenn wir nicht mehr weiter wussten – er hatte immer eine Lösung. Wenn wir weiter wussten – er hätte nicht stolzer sein können.
Lange Zeit bin ich mit meinem Stapel neuer Headlines zu ihm gegangen und er hat, in aller Freundlichkeit und Brillanz meine Zeilen abgeschossen: »Ganz guter Anfang, aber das Ende ...«, »Hier musst du nochmal ran, das ist es noch nicht«, »Nette Idee, versteht nur niemand ...«. Das war natürlich nicht schön für mein Ego als Kreativer, aber ab einem bestimmten Punkt waren seine Abschüsse gar nicht mehr das eigentliche Problem. Das Problem war: Alles, was er mir sagte, wusste ich bereits. Ich hatte alles schon selbst bemerkt – aber es mir dann sofort routiniert schön- oder gleich ganz weggeredet.
In dem Moment als ich beschloss, nie wieder mit einer Zeile zu ihm zu gehen, zu der ich nur den leisesten inneren Kommentar hatte, hörte ich auf, Junior-Texter zu sein.
Ich lauschte zum ersten Mal genauer auf die Stimmen in meinem Kopf. Und es war sehr interessant, zuzuhören, wie meine analytische Seite fast verzweifelt versuchte, nicht wirklich gute Zeilen schönzureden:
»Die Zeile ist gut, weil das ein interessantes Wortspiel ist ...«? Raus.
»Das ist kein Holpern, die Stelle macht den Text gerade erst interessant!« Gestrichen.
Mein Output hat sich natürlich radikal reduziert, aber die Zeilen, die übrig blieben, die ich »einfach gut« fand, ohne inneren Kommentar, ohne Begründung, sind oft »gekauft« worden.
Es ist einfach nie eine gute Idee, intuitive Wahrnehmungen schönzureden oder wegzuerklären. Denn auch die brillanteste Erklärung der Welt ändert nichts daran, dass wir eben bei der Headline gestolpert sind, oder enttäuscht das Kino verlassen haben. Aber offenbar finden wir lieber eine schlaue Erklärung für maue Kreation, als uns noch mal hinzusetzen und die Kreation besser zu machen.

Es gibt auch mildere Formen der Faulheit, z. B. wenn wir uns die Deckung eines Vorbildes suchen: »Mercedes macht das auf seiner Website auch so, das wird schon richtig sein!« Im Zweifel hat auch Mercedes »das« allerdings nicht gut hinbekommen – und wenn doch ist auch das noch keine Garantie, dass der Mercedes-Weg die beste Lösung für unsere Website ist.

Die vierte Stimme: Eitelkeit & Stolz

Jeder hat schon einmal eine tolle Idee gehabt, eine klasse Zeile geschrieben, eine brillante Formulierung oder bestechende Metapher gefunden und gleichzeitig gespürt: Passt nicht wirklich genau zur Aufgabe oder zum Rest des Textes, aber: »Mensch, diese Formulierung ist schon wirklich, also mal ganz neutral gesagt, im Ernst: der Hammer, oder? Ich kann echt gut schreiben!« Ungefähr so geht jedenfalls mein innerer Monolog.
Jeder Kreative hasst diesen Moment, wenn er begreift, jetzt sollte, jetzt müsste er seinen »Darling killen«.

Das ist deshalb so schwer, weil wir zu sehr an diesem kleinen Stückchen Kreation hängen, manchmal fast verliebt sind. Nach Buddha ist »attachment«, also unser inneres Gefesseltsein an etwas »die Wurzel allen Leids«. So weit würde ich bei Kreation nicht gehen – aber es ist auf jeden Fall eine der Wurzeln für Kreation, die nicht schwerelos und stimmig ist, weil sie zwei Herren dienen muss: unserer Intuition und unserer Eitelkeit.

Das mühsame »Kill Your Darlings« habe ich mir immer mit einem Trick erleichtert, indem ich mir einen »Kühlschrank« eingerichtet habe, in den ich alle »großartigen«, aber nicht wirklich passenden Zeilen und Ideen für eine spätere Verwendung aufbewahrte – zu der es dann natürlich niemals kam.
Egal, Hauptsache, das Ego ist überlistet.

Die fünfte Stimme: Geschmack & Vorurteil

»Ich kann ja Science-Fiction nicht ausstehen.« Wer das für die Stimme der Intuition hält, lehnt auch »ganz intuitiv« serifenfreie Schriften ab, Zeitlupen oder die Farbe Blau. Das kann man machen, aber intuitiv ist das nicht. Nur geschmäcklerisch.
Unser Job ist es, hinter die Kulissen von Kreation zu schauen und ihre innere Qualität zu erkennen, unabhängig davon, was für persönliche Vorlieben wir haben. Dass wir nicht auf (im Übrigen ganz wunderbare) Raumschlachten und mystische Krieger-Priester mit Laserschwertern stehen, (Star Wars) darf nicht dazu führen, dass wir die tiefe und packende Story mindestens der ersten drei Filme übersehen. Ich bin kein Fan von US-Actionthrillern, die sich um Autorennen und absurde Stunts drehen. Ist »The Fast and the Furious« trotzdem eine verblüffend tiefe, berührende Geschichte? Ich wäre bereit, dafür zu streiten ...

Es ist egal, ob wir Schrift auf Bild mögen, oder nicht, Reime für zeitgemäß halten oder Western für ein überschätztes Genre, die einzige Frage, die wir beantworten müssen, lautet:
Ist diese Kreation berührend, wahr, in sich stimmig?
Wenn ja, hält auch die fünfte Stimme die Klappe, bitte.

Die sechste Stimme: Zweifel

Zweifel an dem, was wir erschaffen haben, ist vielleicht das zweischneidigste Schwert unter allen inneren Stimmen. Denn Zweifel spornt einerseits an, treibt weiter, verhindert, dass wir uns mit »ganz gut« zufrieden geben. Dieser gute Zweifel klingt wie Jean-Remy von Matt im Kreationsmeeting: »Gibt's nicht noch was Besseres?«.
Es ist ein Zweifel, der nicht zerstört, sondern offen bleibt und herausfordernd.
Die dunkle Seite des Zweifels ist dafür umso mächtiger. Gerade, wenn Kreation schnell ging, wenn uns die Idee einfach zugeflogen ist – dann erhebt

der Zweifel des Bootes das Haupt, jenes gnadenlose: »Das war jetzt zu einfach. Das kann nicht gut sein.«

Gnadenlos daran ist, dass diese Art des Zweifels gerade die Momente »kreativer Gnade« niedertrampelt, die Augenblicke, in denen Musen und Inspirationen endlich einmal freie Bahn gehabt haben.

Das Gegenmittel ist hier wie überall dasselbe: Die Fähigkeit, die leise Stimme hinter all diesen Stimmen zu hören – und der Mut, dieser Stimme zu vertrauen. Natürlich auch dann, wenn sie sagt: »Da gibt's noch was besseres.«

Das perfekte Spiel

VII

Der intuitive Geist
ist ein heiliges Geschenk,
der rationale Geist
sein treuer Diener

ALBERT EINSTEIN

Jetzt, endlich, haben wir alles, was wir brauchen.
Wir kennen das große Ziel: Kreation, die berührt, weil sie Information lebendig macht.
Und wir haben ein klares Bild der beiden Kräfte, durch deren Zusammenwirken Kreation entsteht:

Das Boot, unsere junge, bewusste, brillante, eitle analytische Intelligenz, die einzigartige Welterkennungsmaschine.
Und der Wal, die uralte Kraft der Intuition, älter als unsere Spezies, verbunden mit dem Universum und seinen Gesetzen, leise, selbstlos, weise und unfehlbar. Die Kraft der Stillen Zone und der Ursprung der Echtzeit.

Was für Gegensätze, was für ein Konfliktpotenzial!
Aber eben auch: Was für eine Chance, wenn wir diese beiden Kräfte miteinander ins Spiel bringen, so dass sie ihre Fähigkeiten voll ausschöpfen können.

Alles, was jetzt noch fehlt, ist ein Prozess, der dieses Spiel strukturiert.
Um diesen Prozess wird es im letzten Teil gehen. Er wird klar und einfach sein und uns trotzdem einiges abverlangen – allerdings an ungewohnter, sogar unerwarteter Stelle.

Albert Einsteins Ausspruch vom »heiligen Geschenk« und »treuem Diener« wird dabei unsere Leitschnur sein. Einstein beschreibt mit dieser Analogie sehr präzise Gewicht und Verhältnis der beiden Kräfte – aber natürlich hat dieser Satz einen gewaltigen Widerhaken. Der rationale Geist

ist nur treuer Diener? Derjenige Teil unseres Geistes, der Mondraketen, Quantencomputer, Penizillin und das Internet erfunden, erdacht, entwickelt hat, ist nicht der Chef? Unser stolzes Boot sträubt sich.

Hätte ein Künstler das behauptet, er wäre mit einem milden »Ja ja, ihr Kreativen, klar, dass ihr das glaubt …« abgetan worden. Aber Albert Einstein war Mathematiker und Physiker, einer der größten wissenschaftlichen, also rational-analytischen Köpfe der Menschheit.
Schwer, seine Sicht auf Intuition einfach abzutun.
Und das ist sowieso vergebens.
Denn Einstein hat recht.

Kern, Kreation, Kritik

Data with a soul.

BRENÉ BROWN

Die Grundzüge des kreativen Prozesses sind immer wieder beschrieben worden. Die beiden einflussreichsten Beschreibungen stammen vom britischen Politologen und Mitbegründer der London School of Economics, Graham Wallas und dem amerikanischen Star-Werber James Webb Young. Wallas unterteilt den Prozess in »The Art of Thought« in vier Phasen:
1 Vorbereitung, 2 Inkubation, 3 Erleuchtung, 4 Verifizierung.
Young identifiziert in seiner einflussreichen »Technique for producing ideas« fünf Phasen:
1 Sammeln, 2 Darauf herumkauen, 3 Verdauen, 4 Ideen haben 5 Überprüfen und Feilen.

Diese und die meisten anderen Modelle haben gemeinsam, dass sie mit dem denkerischen Teil beginnen: »Vorbereitung« bei Wallas, »Sammeln« bei Young. Auf diesen folgt dann der eigentliche kreative Teil: »Erleuchtung« (Wallas) bzw. »Idee« (Young), an den sich eine Phase von Reflektion und Verbesserung anschließt (»Verifizierung« bzw. »Überprüfen und Feilen«).
Weder Young noch Webb haben sich diese Struktur ausgedacht, sie haben sie in der kreativen Arbeit schlicht vorgefunden.

Die Struktur des Prozesses, die ich vorschlage, ist grundsätzlich identisch mit der von Wallas und Young, besteht aber aus nur drei Phasen:

KERN – KREATION – KRITIK

In »KERN« wird die Antwort auf die Frage gefunden, WAS genau wir kommunizieren wollen.
In »KREATION« geht es darum, WIE wir den Kern kommunizieren, um die Idee und ihre Entfaltung.
In »KRITIK« überprüfen wir das Ergebnis und verbessern es, bis es so nah an perfekt herankommt, wie es für uns möglich ist.

Diese Unterteilung hat den Vorteil, dass sie sich etwas besser merken lässt – inhaltlich ist sie auf einer Linie mit den anderen Modellen, alle Phasen von Young und Wallas sind auch in Kern – Kreation – Kritik enthalten. Entscheidend ist am Ende sowieso nicht, in wie viele Phasen der Prozess unterteilt wird, sondern was genau in diesen Phasen geschieht – und was nicht.

Fast genauso entscheidend ist, sich eines immer vor Augen zu halten:
Keine noch so detaillierte und präzise Beschreibung des Kreativprozesses kann es mit der unordentlichen, chaotischen, zutiefst lebendigen Realität der kreativen Arbeit aufnehmen. In der Realität passiert vieles, was wir im Folgenden fein säuberlich sortieren und trennen werden, gleichzeitig, früher oder später als geplant oder, alle theoretische Ordnung einfach ignorierend, in der falschen Reihenfolge. All das frei nach Nietzsches Ausspruch: »Man muss noch Chaos in sich tragen, um einen tanzenden Stern gebären zu können.«
Wir erschaffen beim Denken, wir denken beim Erschaffen, Intuition und Analyse flattern manchmal wie zwei aufgeregte Vögel durch unseren mentalen Luftraum, halb verliebt, halb zerstritten aber vor allem kaum voneinander zu trennen.

Trotzdem hilft es, die grundsätzliche Einfachheit und Klarheit des Prozesses zu verstehen. Denn erst dann können wir ihn lenken und dafür sorgen, dass wir unsere Kräfte optimal einsetzen.

In der ersten Phase »KERN« dominiert das Boot. Zumindest fühlt es sich so an, weil seine analytische, präzise Arbeit uns so sehr bewusst ist und diese Phase durch die relative Langsamkeit des Bootes rasch anstrengend wird. Aber, in den Worten Daniel Kahnemans: das Boot ist nur »... der Nebendarsteller der glaubt, er hätte die Hauptrolle.« In Wahrheit ist bereits hier der Wal mindestens so wichtig wie das Boot, hat aber eine ganz andere Aufgabe:
Das Boot erkennt das faktische Gewicht einer Information, der Wal das emotionale Gewicht.
Erst die Kombination aus beiden ergibt einen wirkungsvollen Kern.

In der zweiten Phase »KREATION« führt der Wal – und er führt allein.
Das Spiel besteht hier darin, das Boot komplett aus der kreativen Arbeit herauszuhalten. Wir werden sehen, wie schwer das ist.

Die dritte Phase »KRITIK« wird meist wieder als Aufgabe des Bootes verstanden: Wallas sieht sie als analytische Aufgabe, die »bewusst und überlegt« gelöst werden muss, Young als überwiegend rationale »Weiterentwicklung«.
Ich glaube nicht, dass es so einfach ist.
Die dritte Phase wird sich als die komplexeste erweisen, denn sie ist eben nicht rational dominiert, sondern besteht aus dem fließenden Spiel beider Kräfte – geführt durch die Intuition.

Auch hier spielen Intuition und Analyse wieder miteinander – aber ganz anders als in den ersten beiden Phasen. Der Wal führt das Boot, indem er entdeckt, wo Kreation noch nicht stimmig ist. Er allein legt fest, welche Textstelle, welches Layout-Detail, welcher Moment der Story noch einmal analysiert werden muss. Dann analysiert das Boot. Und der Wal verbessert, geführt durch diese Analyse, die Kreation.

Der kreative Prozess entwickelt also in jeder seiner drei Phasen eine neue Dynamik, die beiden Kräfte übernehmen in jeder Phase unterschiedliche Aufgaben. Das ist der eine Grund, warum er so anspruchsvoll ist: Die beiden Kräfte müssen in jeder Phase anders miteinander spielen. Ohne Intuition keine Kreation. Ohne Analyse – auch nicht.

Der andere Grund – und die wahre Kunst dieses Spiels – besteht deshalb darin, dass wir beide Kräfte im Gleichgewicht halten müssen, ohne sie gleich zu behandeln. Denn eines sollten wir uns immer vor Augen halten: Analyse und Intuition haben grundsätzlich verschiedene Energien.

Die Analyse – die sprachgewaltige, eitle Kraft des Bootes – ist der Teil, den wir bändigen, führen, beherrschen müssen. Diese Kraft ist laut und fordernd. Wenn wir sie nicht lenken, besteht immer die Gefahr, dass sie die Kontrolle über den kreativen Prozess erlangt. Das wäre brandgefährlich, denn lebendige, berührende Kreation kann so nicht entstehen. Sie entsteht ausschließlich in der Stillen Zone jenseits der Kontrolle des Bewusstseins – oder sie entsteht nicht.
Das Boot wird immer versuchen, Regeln aufzustellen und durchzusetzen, es wird immer gute Argumente auf seiner Seite haben – Argumente, gegen die der Wal hilflos ist, weil er keine Argumente hat, nur Wahrnehmung. Aber egal, mit welchen klugen Begründungen das Analytische Denken

seine Sicht durchsetzen will, es ändert nichts daran, dass das Beherrschen der Regeln, das Abarbeiten der Fakten allein noch nie zu großer Kreation geführt hat. Die Regeln und Gesetze, nach denen Beethoven komponiert, Einstein theoretische Physik betrieben und Joanne K. Rowling geschrieben hat, kann jeder lernen – aber die 5. Symphonie, $E=mc^2$ oder Harry Potter kriegt man damit nicht hin.
Was das Boot nicht daran hindert, es trotzdem probieren zu wollen.

Die Intuition – die Kraft des Wals, beheimatet im Nichtbewussten, präsent im Körper und in unseren inneren Bildern – ist der Teil, dem wir Aufmerksamkeit und Vertrauen schenken und eine Stimme geben müssen. Diese Kraft ist leise und deshalb immer in Gefahr, an den Rand gedrängt zu werden. Die Zahl und Lautstärke ihrer Gegenstimmen ist, wie wir gesehen haben, groß und unsere kulturelle Konditionierung tut ein Übriges. »It always whispers«, das dürfen wir nie vergessen.

Das ist umso wichtiger, weil Intuition immer, in jeder einzelnen Phase das Herz des Kreativprozesses ist.
Sie ist die konstante, treibende Kraft, ohne die weder das Finden des Kerns noch das Erschaffen von Kreation oder das Spiel der Kritik möglich sind.
Das ist der eigentliche und fundamentale Unterschied zwischen Kern – Kreation – Kritik und den Ausführungen von Young und Wallas und das direkte Ergebnis des neuen Verständnisses von Intuition, das wir hier skizziert haben.

Und noch etwas müssen wir uns noch einmal und von nun an immer wieder vor Augen führen:
Nichts, was im kreativen Prozess geschieht, ist Zufall. Wirklich nichts.
Nicht die Qualität der Ideen und nicht die Hürden unterwegs. Weder die Geschwindigkeit, mit der uns plötzlich die entscheidende Zeile einfällt, noch die lähmenden Phasen, in denen nichts voranzugehen scheint. Nicht die 26. austauschbare Idee noch der Geniestreich aus dem Nichts.

Alles, was jetzt geschieht, folgt Regeln, Mustern und Gesetzmäßigkeiten, denen es egal ist, ob wir sie kennen oder nicht. Alles, was ab hier passiert, entsteht im hochkomplexen Zusammenspiel des Analytischen mit dem Intuitiven Denken, des Assoziativen Netzwerks mit der nüchtern-stren-

gen Rationalität des Bewusstseins, der Universellen Harmonien mit der Klarheit des Kerns. Des Wals mit dem Boot.
Wir mögen es nicht immer so empfinden, aber trotz der verborgenen Bereiche der Kreativität, trotz der Rätsel der Stillen Zone und der Echtzeit liegt es so viel mehr in unserer Hand, was wir am Ende erschaffen, als Worte wie »Inspiration« oder »einfallen« vermuten lassen.

Wir haben die Regeln des Zusammenspiels nicht geschrieben – aber wenn wir diese Regeln kennen und beherrschen, können wir Meister des Spiels werden.
Und dann entsteht am Ende das, was Kreation eigentlich sein soll: Lebendige Information.
Oder, wie es die amerikanische Soziologin Brené Brown einmal formuliert hat: »Data with a soul«.

Die dritte Kraft

Welche Befreiung zu verstehen, dass die Stimmen in meinem Kopf nicht »Ich« bin.
Aber wer bin ich? Der, der die Stimmen hört.

ECKHART TOLLE

Intuition und Analyse sind die zentralen Kräfte des Prozesses. Aber um das Spiel der Kreativität wirklich spielen zu können, müssen wir einen Schritt weiter gehen und die beiden Kräfte, die wir entweder zu routiniert ignorieren (Intuition) oder zu oft machen lassen (Analyse) endlich als etwas erkennen, das wir einsetzen, nutzen, lenken und führen können – und müssen.
Wer dieses »wir« ist? Es gibt einige Namen dafür, »Ich« und »Selbst« sind die bekanntesten. Für unsere Arbeit genügt es zu wissen, dass es eine Instanz in uns gibt, die über beiden Kräften steht, eine Instanz, die Intuition und Analyse einsetzen, nutzen und – stoppen kann.

Und genau das müssen wir tun: diese Kräfte führen und lenken, den Wal immer und in jedem Schritt des Prozesses hören und annehmen, das Boot dort einsetzen, wo es unersetzlich ist und dort zum Schweigen bringen, wo es den Fluss des kreativen Prozesses behindert oder stoppt.

Wenn wir verstehen, dass wir es sind, die diesen Prozess lenken und dass alles, was wir dafür brauchen, eine hohe, wache Aufmerksamkeit für das komplexe Spiel der Kräfte und die Vielfalt der Stimmen in uns ist, dann wird klar, dass wir selbst die dritte Kraft sind, dass wir es selbst in der Hand haben, ob und wie schnell wir gute kreative Ergebnisse produzieren. Dann sind wir nicht mehr staunende Zuschauer des kreativen Prozesses, sondern die dritte Kraft, die weiß, wie sie den träumerischen, nichtbewussten Teil und den bewussten analytischen Teil einsetzt und führt.

Kern

Wer's nicht einfach und klar sagen kann, der soll schweigen und weiterarbeiten, bis er's klar sagen kann.

KARL POPPER

Den »Kern« zu finden ist die Aufgabe der ersten Phase. Der »Kern« ist die Antwort auf die einfache Frage:
»Was genau wollen wir sagen?«

Es gibt Dutzende Variationen dieser Frage, z. B. »Was ist das Herz meiner Marke?«, »Wie unterscheidet sich mein Produkt von denen der Konkurrenz?«, »Worin liegt die zentrale Idee dieser Ausstellung?«, »Was ist das eigentliche Ziel unserer Politik?«, »Warum sollte man unserer Stiftung spenden, nicht einer anderen?«, »Was ist das Besondere an meinem Service?«
Aber am Ende geht es immer um dasselbe:
Präzise, unverwechselbar und in nur einem Satz zu formulieren, was der Kern der Kommunikation ist.

Warum ist der Kern so wichtig? Weil er dem Wal den Rücken frei hält für seine eigentliche Aufgabe: Neues zu erschaffen. Unsere schöpferische Seite ist dann am Besten, wenn sie nicht mehr über die Aufgabe nachdenken muss, sondern sich frei auf die Suche nach Ideen begeben kann.
Der Lohn der Kern-Arbeit: Je genauer er gefasst wird, desto neuer, überraschender, kreativer wird die Kreation.

Diese Frage nach dem Kern ist die Achillesferse aller Kommunikation und wird trotzdem praktisch nie so radikal und genau beantwortet, wie es zwingend nötig wäre.
Das hat fünf Gründe:

1. WIR KENNEN DAS ZIEL NICHT

Wir besitzen keine klare Vorstellung davon, wie präzise ein Kern gedacht und formuliert sein muss, wissen also nicht genau, auf welches Ergebnis wir zielen, wie so ein Kern eigentlich klingt.

2. WIR UNTERSCHÄTZEN SEINE BEDEUTUNG

Wir widmen dem Kern auch deshalb fast immer zu wenig Energie und Zeit, weil am Anfang nicht erkennbar ist, wie zentral er für jeden weiteren Schritt des Kreativprozesses ist. Hier bereits entscheidet sich weitgehend, welche Qualität die Kreation erreichen kann. Das wird oft übersehen, weil die Fehler und Versäumnisse beim Finden des Kerns erst sehr viel später in der kreativen Umsetzung sichtbar werden.

3. WIR HABEN KEINE ÜBUNG

Wir sind nicht darauf trainiert, Kerne zu finden, haben diese Art des klaren, strengen Denkens und sauberen, disziplinierten Formulierens nie beigebracht bekommen, geschweige denn trainiert.

4. WIR GLAUBEN, WIR HABEN BESSERES ZU TUN

Es kann Stunden, manchmal sogar Tage dauern, den finalen Kern zu finden. Das ist nicht nur mühsam – wir nehmen uns auch praktisch nie die Zeit für diese Art von »Denksportaufgabe«, an deren Ende nichts weiter als ein einziger, scheinbar magerer Satz steht. Wir haben viel Wichtigeres zu tun: Präsentationen schreiben, Konzepte entwickeln, Filme ausdenken ...

5. ES NERVT

Kerne zu finden zwingt uns, immer tiefer einzutauchen, immer präziser zu werden und das ist erstens anstrengend und zweitens wird – je klarer man denkt – auch immer deutlicher, wo wir noch nicht klar und radikal genug sind. Mit anderen Worten: Wir erkennen immer mehr Fehler und Ungenauigkeiten. Und das nervt.

Das ist der Grund, warum wir in diesen Denkprozessen, statt immer näher heranzugehen an unser Objekt, immer weiter weggehen, hinauf auf die Ebene der Allgemeinplätze. Denn dort oben, in den wolkigen Sphären der großen, allgemeingültigen und damit für unsere Zwecke leeren Begriffe ist es fast unmöglich, etwas Falsches zu sagen – und Kern finden nervt nicht mehr.
Auf dieser Ebene können wir Aussagen machen, die so allgemein sind, dass sie garantiert zu unserem Thema passen, zum Beispiel, wenn wir formulieren, dass der Kern unseres Produktes »Sicherheit« ist; wenn wir glauben, der Kern sei: »Wir sind der beste Partner für ihre Architekturprojekte« oder »Wir sorgen mit unserem innovativen Ansatz für ihren wirtschaftlichen Erfolg«.
In jedem dieser Fälle gilt scheinbar: Passt.
Aber so eine Art von Kern passt eben auch auf tausende andere Firmen, Produkte, Marken. Und damit ist er wertlos, wenn es darum geht, präzise und neue Kreation zu finden.

Zum Kern gehen heißt: hinunterzugehen ins spezifische, fast schmerzhaft Genaue, in die letzte Tiefe der Aufgabe, statt hinauf ins Allgemeine, wo nichts mehr schiefgehen kann. Denn nur im präzisen, detaillierten Denken und Formulieren dessen, was hier, in diesem einzelnen Fall einzigartig oder mindestens erzählenswert ist, finden wir, was wir brauchen, um besondere Kommunikation machen zu können: das Besondere unseres Themas.
Das Ergebnis des Kernfindens ist ein Satz, der ausschließlich auf unsere Aufgabe passt und auf keine andere. Sonst ist es kein Kern.

Das, wie gesagt, nervt. Aber dass von diesem einen Kern-Satz, genauer: von der Klarheit, die sich in ihm manifestiert, alles Weitere abhängt, haben wir verrückter Weise alle schon hunderte Male erlebt. Immer dann, wenn dieser Satz, diese Klarheit nicht vor Beginn der kreativen Arbeit gefunden wurde. Wenn das Sendungskonzept immer noch etwas vage, das Briefing nach allen Seiten offen, das Produkt nur halb durchdrungen, die Marke immer noch komplex ist.
Wir legen natürlich trotzdem schon mal los und machen Kreation, die Deadline grummelt ja bereits am Horizont und überhaupt: wir sind ja Profis.

Im besten Fall ist das, was dann passiert, so ähnlich, wie mit einer Schrotflinte in den nächtlichen Wald zu feuern in der Hoffnung, dass schon irgendwo ein Eichhörnchen vom Baum fällt. Man setzt auf Zufallstreffer.
Aber in der Regel ist bereits die Arbeit selbst mühsam und die Mittelmäßigkeit der Ergebnisse wird nur noch überboten durch das Feedback, das genauso hilflos ist, wie das Briefing ungenau war: »Das waren gute Ideen, aber wir haben uns irgendwie was anderes vorgestellt ...«
Nichts leichter, als jetzt den Kunden zu hassen. In Wahrheit aber ist der frustrierende Stand der Dinge fast immer fast allein unsere Schuld.
Praktisch alle »schlechte« Kreation und alle eigentlich starke Kreation, die aber ihre Aufgabe nicht erfüllt, »passiert« nicht deshalb, weil Kreative nicht gut schreiben, gestalten, oder Konzepte entwerfen, sondern weil ihnen der Kern nicht klar war.
Hier liegt der verborgene Grund für fast alles, was in der kreativen Arbeit schiefläuft.
Wir haben im ersten Kapitel gesehen, dass Kreation übersetzte Information ist. Wenn aber keine Klarheit darüber hergestellt worden ist, was in Kreation übersetzt werden soll, kann es keine starke Übersetzung geben, höchstens eine mittelmäßige, was in Kommunikation eigentlich immer bedeutet: Kommunikation, die so generisch ist wie ihr Kern.
In unserem Bild gesprochen: Ohne Kern ist es für den Wal völlig unmöglich, auf seinen Tauchgängen in die Unendlichkeit des Assoziativen Netzwerks die stimmigen, wahren Bilder, Analogien, Stories zu finden.
Er weiß schlicht nicht, was er in Kreation übersetzen soll.
Was dann passiert, kennen wir alle: Wenn wir nicht wissen, was wir sagen wollen, sagen wir besonders in Präsentationen oft – alles. Und den Rest auch noch.
Sicherheitshalber.
Man weiß ja nie.
In den großartigen Worten einer Workshop-Teilnehmerin: »Man weiß ohne den Kern auch nicht, wann man fertig ist.«
Deshalb ist er so essentiell.

Das volle Gewicht der Frage nach dem Kern wird uns bewusst, wenn wir begreifen, dass all die Fragen nach »Was macht mein Produkt / Film / Service besonders?« nur Echos der schwierigsten Frage der Welt sind: »Was ist mein Kern?«, besser bekannt unter: »Wer bin ich?«
Ich habe das zum ersten Mal als Junior-Texter geahnt, als mir der Chef kurz

vor Feierabend einen Job auf den Schreibtisch legte: »Kannst Du noch den »About«-Text für die Website des Kunden schreiben? Ganz entspannt, du kennst die ja …«
Von wegen.
»About«-Texte kann man nur schreiben, wenn man das Unternehmen komplett verstanden und durchdrungen, seinen Kern erfasst hat. Ich kenne wenige andere Textjobs, bei denen das Verhältnis von Kern-Aufwand und Kürze des Ergebnisses so krass, und bei denen man ohne Kern so vollkommen verloren ist.

Und das ist nur die eine Hälfte der Wahrheit.
Auf einer tieferen Ebene ist der Kern tatsächlich nur die Spitze des Eisbergs, das sichtbare, lesbare Ergebnis eines komplexen Denkvorganges. Der eine Kern-Satz hilft uns, unser Ergebnis nicht wieder aus den Augen zu verlieren – aber mindestens so wichtig ist, was unterwegs in unserem Kopf passiert ist. Im Prozess des Klärens, Präzisierens, Reduzierens haben sich unsere Gedanken geordnet, wir haben unser Thema durchdrungen, von vielen Seiten beleuchtet und noch jede Sackgasse, jeder Gedankengang, der mit einem »nee, ist Blödsinn« endet, hat am Ende unser Verständnis des Kerns geschärft.
Auf diesen Klärungsprozess können und werden wir von nun an in der kreativen Arbeit zurückgreifen, ohne es bewusst zu bemerken. Das Einzige, das wir in der Regel von dieser neuen Aufgeräumtheit unseres Denkens bemerken, ist, dass wir vielleicht immer noch mittelmäßige Headlines schreiben, aber keine Headlines mehr, die faktisch, inhaltlich Fehler machen. Denn unser Wal ist auf Kurs.

Die Klärung des Kerns verlangt etwas von uns, das der legendäre amerikanische Außenminister Henry Kissinger einmal so formulierte: »Probleme muss man kondensieren, wenn man sie lösen will. Erst der Extrakt ist überschaubar.« Wir müssen reduzieren, gewichten, aussortieren, gnadenlos kürzen und priorisieren. Wer sich jemals in diesem Prozess begeben hat, weiß, dass hier der Knackpunkt liegt, an dem man sich locker ein paar Stunden die Köpfe heiß denken kann.

Oder ein paar Wochen, wenn man Stratege ist und die De-Luxe-Variante des Kernfindens absolviert. Das Ergebnis ist dann noch einmal differenzierter, besser abgesichert und hat das Potenzial, große Kampagnen über

mehrere Jahre zu tragen, der Prozess dieser strategischen Arbeit ist deshalb auch deutlich komplexer und ausdifferenzierter.
Für die allermeisten Kreativaufgaben ist aber bereits die kleine Form der Strategie, das Kernfinden, ein großer Gewinn.

Zwei Seiten des Kerns

Den Kern zu finden scheint auf den ersten Blick eine Sache des Bootes, der Analyse zu sein. Aber die Kern-Arbeit ist viel mehr: Es ist das erste intensive Spiel von Wal und Boot.
Denn das Analytische Denken stößt sofort an eine unsichtbare Grenze. Es versteht Tatsachen, Zusammenhänge, Logik, es beherrscht Priorisierung, Reduktion, Fokussierung, es erkennt auf diese Weise das faktische Gewicht einer Information.
Was es nicht erkennt, nicht erkennen kann, ist das emotionale Gewicht einer Information.
Das ist Aufgabe der Intuition. Sie spürt, was uns als Menschen berührt, bewegt, erreicht. Sie findet die andere Seite des Kerns.
Denn um Kreation zu entfesseln, braucht ein Kern beides, faktisches und emotionales Gewicht. Kerne sagen nicht nur, was das Produkt ist, sondern auch, was es für die Zielgruppe bedeutet.
Sie zu finden bedeutet zu finden, was unser Auditorium berührt.

In der Sprache der Strategen: Die brillanteste Analyse dessen, was ein Produkt kann, was es unterscheidet, welche Marktlücke es besetzen kann, was es differenziert oder idealer Weise einzigartig macht, ist wenig wert ohne eine emotionale Erkenntnis über die Zielgruppe, darüber, von welchem Bedürfnis, welcher Angst, welcher Sehnsucht sie angetrieben ist – und wie das Produkt sie stillen kann.
Die faktische Wahrheit ist Bedingung für einen starken Kern, aber die emotionale Wahrheit macht die eigentliche Energie des Kerns aus.

Drei Beispiele:
Ein Messebauer gewinnt das Projekt, einen Dining-Pavillon für ein Musical-Theater zu errichten und will diesen Erfolg auf seiner Website feiern.

Zu erzählen gibt es genug: Entworfen von einem Londoner Star-Architekten musste und wurde der anspruchsvolle Bau unter hohem Zeit- und Kostendruck pünktlich fertig. Das sollte genügen, oder?
Aber der Wal spürt die Wichtigkeit einer anderen Information: Der Pavillon war für das neue Harry-Potter-Musical in der Musical-Hochburg Hamburg bestimmt. Es war ein echtes Prestige-Projekt für eine der großen, weltweit geliebten Geschichten unserer Zeit. Genau das weist weit über die faktische Leistung hinaus und sorgt beim Leser für ein kleines, entscheidendes Quantum Bewunderung.

Für einen globalen Konsumgüter-Konzern ist in der internen Kommunikation der Satz »Wir öffnen mit LiveChat einen neuen Kommunikationskanal« kein Kern, er ist nur eine Information von hohem faktischem Gewicht. Zum Kern wird er erst, wenn wir beantworten können, was diese Information bedeutet: Was genau ist aus Sicht des Unternehmens gut daran, diesen neuen LiveChat in allen Länderorganisationen auszurollen?
»LiveChat ist der erste und einzige Kommunikationskanal außer dem Call-Center, der live funktioniert, so das Call-Center entlastet und die Kundenzufriedenheit erhöht.«

Eine große Zeitung bietet Online-Kurse zum Thema Medienkompetenz an und will das bewerben. Gute Argumente gibt es genug: Die Kurse werden von hochklassigen Dozenten gehalten, sind noch dazu günstig und angesichts der Menge neuer Medien und Kanäle ein sinnvolles Angebot. Aber zentraler Treiber für die potentiellen Teilnehmer ist eben nicht, dass es viele neue Medien gibt, das ist nur eine Binsenweisheit. Das emotionale Gewicht liegt darin, dass wir alle vom medialen Tsunami unserer Zeit heillos, gnadenlos überfordert sind. Der Kern muss neben Qualität und Preis der Kurse genau das klar und deutlich benennen, sonst kann die Kreation den aus Sicht der Zielgruppe wichtigsten, weil emotionalsten Punkt nicht adressieren.

Und hier zeigt sich eine weitere erstaunliche Eigenart von Kernen: Das emotionale Gewicht des Kerns ist immer entscheidend für seine Wirkung auf die Zielgruppe. Die Fakten sind wichtig, aber nicht entscheidend.
Einsteins Satz vom rationalen Denken als dem Diener der Intuition wird hier ganz konkret: Entscheidend ist nicht das faktische, sondern das intuitiv durch den Wal erfasste emotionale, menschliche, lebendige Gewicht der Informationen.

Anders gesagt: Der Kern ist eine präzise emotionale Erkenntnis.

Das lässt sich besonders gut beobachten, wenn Kommunikation in die entgegengesetzte Richtung marschiert, das emotionale Gewicht des Kerns vernachlässigt und auf die reinen Fakten setzt. Dann endet das fast zwangsläufig in werblicher Lautstärke, denn Kreation muss die fehlende emotionale Wucht durch faktische Drängelei ersetzen: »Nur für kurze Zeit« »Unschlagbar günstig« »Jetzt sichern«.

Die Entscheidung von Steve Jobs, »not to talk about speed and fees, bits and megahertz« war die radikale Entscheidung für das emotionale Gewicht des Apple-Kerns: Die besten Technologien für die »Crazy Ones« bereitzustellen. Diese Entscheidung legte das Fundament für eine der erfolgreichsten Marketing-Strategien der Welt. »Don't sell a product, sell a dream« ist purer Kommunikations-Kapitalismus, aber eben extrem wirkungsvoll, weil es uns als Menschen erreicht, nicht nur als Schnäppchenjäger.

Kerne zu finden ist, wenn wir es konsequent tun, harte Arbeit. Das hat drei Gründe:
Erstens hat das Boot für seinen Teil der Arbeit nur 50 Bit pro Sekunde zur Verfügung, um durch Berge von Daten zu pflügen. Das kann quälend langsam sein.

Der zweite Grund ist, dass die entscheidenden Informationen für den Kern aus ganz verschiedenen Bereichen kommen können. Nicht nur aus dem Produkt selbst, seinen Eigenschaften und Fähigkeiten, sondern auch aus seiner Beziehung zur Gegenwart und ihren gesellschaftlichen Strömungen – vor allem aber aus seiner Beziehung zu den Menschen, die wir erreichen wollen.
Die Wucht der Dove-Kampagne »Real Beauty« entsteht dadurch, dass sie Frauen stärkt und feiert, in einer Zeit, die immer weniger männliche Dominanz hinnehmen will.
Tesla wiederum baut keine technologisch überlegenen Elektroautos, sondern in Wahrheit Weltrettungsmaschinen, die mit jeder Friday-for-Future-Demo relevanter werden.
Und auch für Oatly, die Hafermilch-Produzenten aus Schweden, gilt: der Kern des Produktes ist nicht das patentierte Verfahren zur Verarbeitung des Hafers, der Kern ist der Megatrend Nachhaltigkeit, insbesondere sein

Ableger »Vegane Ernährung«, den Oatly für gebildete urbane Zielgruppen perfekt verkörpert.

Um den Kern zu finden, müssen wir also weit über den Tellerrand des Briefings hinausschauen.
Und um es noch komplizierter zu machen: Fast immer sind mehrere Kerne möglich.
Die Entscheidung für einen Kern ist immer auch die Entscheidung für eine bestimmte Perspektive auf das Produkt.

Der dritte Grund, warum es harte Arbeit ist, Kerne zu finden: Der Wal erkennt bereits anhand der Zwischenergebnisse mit traumwandlerischer Sicherheit, ob wir »schon da sind«. Er treibt, wenn wir auf ihn hören, den Prozess weiter voran, indem er immer wieder Dinge meldet, wie: »Mmhh, weiß nicht, gar nicht schlecht, das geht in die richtige Richtung ...«, denn genau so klingt der Wal auch hier, scheinbar ungenau.
Übersetzt sagt die intuitive Wahrnehmung aber durchaus präzise: »Das hier ist es noch nicht, wir müssen weiter.« Und wenn die Intuition das zum 5. oder 10. Mal meldet, hat das Denken irgendwann wirklich keine Lust mehr und die Gegenstimmen werden immer lauter: »Wieso, ist doch super!« Oder: »Genauer muss das jetzt nicht«.
Doch. Muss es.
Kerne finden ist nichts für Feiglinge.

Wie man Kerne findet

Weil jede Aufgabe und jeder Kern unique sind, ist auch der Weg zum Kern jedesmal ein anderer. Zum Glück gibt es eine einfache Frage, die uns im Dschungel der relevanten Fakten und Informationen zuverlässig Orientierung gibt: »Wenn alles wichtig ist – was ist entscheidend?«
Das Entscheidende freilegen und das Wichtige weglassen – so findet man den Kern.

Was diesen Prozess so mühsam macht, ist seine Langsamkeit. Dass ein Kern-Satz perfekt ist, weiß die Wahrnehmende Intuition in Lichtgeschwindigkeit. Diesen Satz aus dem Chaos der Informationen und Möglichkeiten herauszuschälen, ihn zu komprimieren und sprachlich zu fassen ist ein bewusster Prozess, der mindestens in Teilen 250.000 mal langsamer abläuft. Dieser enorme Geschwindigkeitsunterschied bringt selbst erfahrene Berater und Strategen, die eigentlich auf diesen Prozess spezialisiert sind, manchmal an ihre mentalen Grenzen, weil das Denken so viele Wege ablaufen muss, so viele Versuche braucht, sich so langsam durch komplexe Themen, wie z. B. Marken oder Konzepte, arbeiten muss.

Gleichzeitig – und hier verbirgt sich ein häufig übersehener Aspekt des Spiels von Wal und Boot – ist es auch bei der Suche nach dem Kern wichtig, in den Flow zu kommen. Sobald die Klärung vorangekommen ist, können wir einen ersten Versuch starten, den Kern aufzuschreiben. Aber bei diesem ersten Wurf dürfen wir nicht darauf zielen, etwas Druckreifes aufs Papier zu bringen. Wir dürfen noch nicht an Formulierungen feilen oder den Satzbau korrigieren, sondern wir sollten einfach weiter machen, weiter denken, weiter schreiben, ganz ähnlich, wie wir es in der zweiten Phase völlig natürlich tun, wenn wir kreativ arbeiten.
Korrigieren, präzisieren, komprimieren, das können wir gleich noch, jetzt ist erstmal wichtig, dem Kern auf die Spur zu kommen, unseren Gedankengang nicht dadurch zu unterbrechen, dass wir Kommafehler korrigieren. Das Boot, es braucht sogar für seine ureigenste Aufgabe den Flow des Wals.

Die gute Nachricht: Ganz egal, wie komplex das Thema ist, es gibt immer einen Kern. Und dieser Kern ist bereits da, vorhanden, oft sogar vage sichtbar, wenn wir nur genau genug hinschauen würden. In den Bergen von Fakten, in den drei Dutzend wirren Charts, in denen wir uns beim Präsentationsschreiben verheddert haben, in den seitenlangen Recherche-Ergebnissen steht er irgendwo: der Satz, der Gedanke, um den sich alles dreht. Oft ist es sogar nur ein einziges Wort. Schwer zu finden. Aber da.

Ich habe einmal mit einer großen Agentur eine bereits gehaltene Pitch-Präsentation analysiert – gemeinsam mit dem Team, das diese Präsentation erstellt hat. Wir gingen die knapp hundert Charts gemeinsam durch, bis ich ungefähr auf halber Strecke sagte: »Starke Idee. Ihr habt den Pitch natürlich gewonnen, oder?« Überraschte Blicke vom Team. »Nee, verloren.« Und dann: »Welche Idee meinst Du denn?«

Das erlebe ich immer wieder. Je näher man an etwas dran ist, je tiefer man in einem Thema drinsteckt, desto schwieriger ist es, das Entscheidende klar zu erkennen. Das hochklassige Pitch-Team hatte etwas Starkes abgeliefert, eine große Idee produziert, sie aber selbst nicht erkannt – und konnte sie damit auch nicht wirkungsvoll erzählen.

Wie Kerne klingen.

Woher weiß ich, ob ich den Kern gefunden habe?
Kerne sind in ihrer Natur immer Unikate, deshalb ist es schwierig, sie in Regeln zu fassen, aber es gibt vier Eigenschaften, die alle Kerne gemeinsam haben.

EINZIGARTIGKEIT Ein Kern ist erst dann ein Kern, wenn er ausschließlich für exakt dieses Produkt, diese Marke, diese Präsentation, diese Rede, diese Reportage gilt.
Es genügt nicht, dass die neue Leberwurst »besonders lecker« ist – das ist kein Kern, sondern ein Allgemeinplatz, den praktisch alle Lebensmittel für sich in Anspruch nehmen können. »Keine Zusatzstoffe« (um bei der Leberwurst zu bleiben) reicht natürlich auch nicht, ist aber bereits genauer. Ab einer Genauigkeit à la »Mit einzigartiger Kräutermischung von der Schwäbischen Alb« kommen wir mindestens beim faktischen Gewicht in den grünen Bereich.

BEDEUTUNG Der Kern beschreibt nicht die Information. Er macht immer einen Sprung auf die nächste Ebene, dorthin, wo es um die Bedeutung von Informationen geht. Diese Unterscheidung zwischen Informationen und ihrer Bedeutung wird verblüffend häufig übersehen. Informationen kann jeder Praktikant in die Vorstandspräsentation einbauen. Aber es braucht ein anderes Level des Denkens, um das faktische und emotionale Gewicht der Informationen zu erkennen und zu formulieren.

Wie leicht wir uns mit der reinen Information zufriedengeben, lässt sich in allen Professionen beobachten.
Wenn zum Beispiel Musikwissenschaftler Richard Wagners legendären

»Tristan-Akkord« analysieren, einen der rätselhaftesten Klänge der romantischen Musik, dann klingt das ungefähr so: »... kann er als zweite Umkehrung des Septakkords der II. Stufe von a-Moll (also »h-d-f-a«) mit hochalterierter Terz (»d → dis«) gedeutet werden.«
Das ist mit Sicherheit faktisch richtig analysiert. Aber die Bedeutung dieser wenigen Töne, all das, was sie in wenigen Sekunden über die irrlichternde, quälende, unerlöste Sehnsucht der beiden Liebenden erzählt, ist dieser Ebene des Denkens schlicht nicht zugänglich. Wir gehen aber nicht in »Tristan und Isolde«, um hochalterierte Terzen zu hören, sondern um rauschhafte Liebe zu erleben.

Wenn ein E-Automobil »680 km Reichweite« hat, ist das schön, aber nur eine Information, kein Kern. Nicht mal »Kein anderes Modell unter 25.000 Euro hat diese Reichweite«, wäre ein Kern, obwohl das bereits den richtigen faktischen Präzisierungsgrad besitzt. Erst mit der Aussage: »Das erste Elektroauto in dieser Klasse, bei dem Reichweitenangst keine Rolle mehr spielt« nähern wir uns einem echten Kern. Denn endlich haben wir beides: das faktische Gewicht »einziges Modell in dieser Preisklasse mit derartiger Reichweite« und emotionales Gewicht: »keine Angst mehr, in der Pampa liegenzubleiben«.

PRÄZISION Ein Kern muss nicht gut getextet sein, er ist keine Headline, kein Claim, er braucht keine geschliffene Werber-Sprache, im Gegenteil, die ist oft sogar hinderlich, weil sie bereits in Analogien spricht, statt nach Präzision zu suchen.
Die einzige Aufgabe des Kerns ist, so präzise wie möglich zu sein. Für ihn gilt Albrecht Hauss' Bonmot: »Jedes Wort zu viel ist ein Gedanke zu wenig.« Denn die Wucht des Kerns entsteht aus seiner Klarheit und Eindeutigkeit. Aus seiner Fähigkeit, das Wesentliche zu erfassen, nicht mehr und nicht weniger.
Wichtig ist, dass die Reduktion kein Selbstzweck ist. Es geht nicht darum, so wenig Worte wie möglich zu nutzen. Nur weil eine Aussage extrem kurz ist, bedeutet das nicht, dass sie der Kern ist. Es geht darum, das Wesentliche mit so wenigen Worten wie nötig zu formulieren.

Es ist nicht egal, ob dann der Kern als holperiger Vierzeiler daherkommt, oder mit sprachlicher Eleganz, denn Nietzsches Bonmot: »Den Stil verbessern heißt den Gedanken zu verbessern« ist so gültig wie vor 150 Jahren.

Aber auch die brillanteste Formulierung muss sich immer und zuallererst daran messen lassen, ob sie unique, präzise und nicht weiter reduzierbar ist.
Ist sie es nicht, ist alles andere egal.
Ist sie es, dann steht als Kern manchmal ein Satz im Raum, der neben aller Präzision zugleich so klug, einfach und gut geschrieben ist, dass die Kreativen – die jetzt ja eigentlich auf seiner Basis loslegen sollen – sagen: »Danke, den nehmen wir« und Feierabend machen.
Die Snickers-Kampagne ist so ein Beispiel. »Du bist nicht du, wenn du hungrig bist« war ursprünglich der Kern, den die Strategen erarbeitet hatten. Dieser strategische Kern war aber bereits so gut formuliert, dass er ohne Veränderung zum Claim der Kampagne wurde.
Es ist großartig, wenn das passiert (und Nietzsche hätte es gefreut), das Ziel der ersten Phase ist es nicht.

ABGESCHLOSSENHEIT Ein guter Kern hat die verblüffende Eigenschaft, die wichtigste der W-Fragen niemals offen zu lassen: Die Frage nach dem »Warum?«. Wenn wir einen Kern lesen und wir hören, spüren ein »Warum?«, das nicht verschwinden will, dann hat der Kern eine existenzielle Lücke.
»Und warum genau ist diese Zahnpasta unique?« »Warum ist der Leitgedanke dieser Partei zur Verkehrspolitik zukunftsweisend?«, »Warum sollte ich mir diese Quizshow ansehen?« – diese Art von Frage ist immer ein Alarmsignal.
Wir müssen diese Lücke schließen, denn die Frage nach dem »Warum« hat für uns Menschen ein immenses Gewicht. Kein anderes Tier fragt nach dem »Warum«, aber für uns – in den Worten einer Workshop-Teilnehmerin – »... ist alles ›Warum‹«.
Kinder beginnen mit dieser Frage, die Welt zu entdecken. Und nur weil wir als Erwachsene nicht mehr so penetrant nach dem »Warum?« fragen, bedeutet das nicht, dass diese Frage auch nur das Geringste an Gewicht eingebüßt hat. Es ist die erste Frage, die wir als Menschen an die Welt stellen, egal, ob es um eine Zugverspätung oder den Tod eines geliebten Menschen geht.
Alles ist für uns »Warum«. Verstehen wir das »Warum« nicht, verstehen wir die Welt nicht. Deshalb darf es im Kern nicht unbeantwortet bleiben.
Dagegen hilft auch keine Lautstärke. Aktivierende Botschaften wie »3 Monate gratis!« oder »Nur noch drei Exemplare« oder »50 % reduziert!« lösen vielleicht kurzfristig Impulse aus, sind aber vollkommen austausch-

bar (wie jeder Supermarktflyer zeigt) und können die entscheidende Frage eben nicht beantworten, warum genau dieses Hotel, dieses Shampoo, dieses Auto zu mir passt.

Natürlich sind die großen W-Fragen ein schmaler Grat, denn der Kern ist kurz und hoch konzentriert, er soll und kann nicht alles beantworten. Aber gute, klare Kerne vermitteln ein Gefühl von Vollständigkeit, von Geschlossenheit, auch wenn noch kleinere Fragen offen sind: »Wie genau funktioniert das?« oder »Was kostet das?« Die muss der Kern nicht beantworten. Das »Warum« schon.

Wann Kerne fertig sind

Es gibt zwei Signale dafür, dass wir »es haben«. Beide für sich sind unique und wenn sie zusammenkommen, ist es das sichere Signal, dass wir in die zweite Phase, »Kreation« übergehen können.

Das erste Zeichen ist ein klares, aufgeräumtes Gefühl von Stimmigkeit. Es unterscheidet sich fundamental von dem »eigentlich haben wir's doch jetzt, oder?«, mit dem wir uns so gern zufriedengeben, um endlich die denkerischen Löffel abgeben zu können.
Dieses Zeichen kommt in der Echtzeit aus der Wahrnehmenden Intuition und äußert sich nicht nur in dem Gefühl von Klarheit, sondern – wie immer bei Intuition – auch in somatischen Markern. Darin, dass wir uns zurücklehnen, leise ausatmen oder aufstehen, mal erleichtert, mal angeregt. Indem wir für einen Moment innehalten oder, ohne es steuern zu können, nicken.

Zur Überprüfung frage ich an dieser Stelle gern die kritischsten Köpfe in der Runde, ob das jetzt wirklich so stimmt und beobachte genau ihre unmittelbare, ungesteuerte Reaktion.
»Klarheit«, »Ausatmen«, all das sind keine knallharten, objektivierbaren Kriterien, so klar sie jeder Einzelne auch fühlt. Aber daran gewöhnen wir uns ja langsam.

Und zum Glück gibt es das zweite Zeichen. Es ist der Moment, in dem irgendjemand im Raum wie aus dem Nichts ein fertiges, oft schon großartiges Stück Kreation in den Raum wirft, z. B. eine Headline – während alle noch am Kern feilen, hier kürzen, dort etwas Essentielles hinzufügen. Dies ist eines der faszinierendsten Phänomene überhaupt im kreativen Prozess: der fließende Übergang zwischen »Kern« und »Kreation«.
Diesen Übergang gibt es, weil der Wal immer »on« ist. In seiner stillen Wachheit nimmt er alles auf, was im Analyseprozess passiert, jede Klärung, jeden Irrweg, jeden Schritt nach vorn in die Einfachheit.
Und ab einem bestimmten Punkt der Klärung – scheinbar plötzlich aber niemals zufällig – beginnt er, Kreation zu entwickeln. Derjenige, dem das als Ersten passiert, glaubt oft selbst, er helfe noch beim Finden des Kerns, aber sein Wal hat bereits das Wesentliche verstanden und taucht, während wir noch denken, dass wir denken, bereits hinein in die Kreative Phase.
Für mich ist diese erste kreative Formulierung immer das Signal, dass wir die harte Nuss namens Kern im Wesentlichen geknackt haben. Sobald die erste Kreation kommt, ungefragt, unbemerkt oft, sind wir über den Berg.

Beispiele

Kerne können sehr unterschiedliche Ebenen, Längen und Schwerpunkte haben. Die folgenden Beispiele geben einen Eindruck ihrer Vielfalt – und davon, in welcher konkreten Form Einzigartigkeit, Bedeutung, Präzision und Abgeschlossenheit in ihnen erscheinen.

Für die Software eines Technologiekonzerns formulierten wir den Kern: »Roboter mit unserer neuen Software sind dank des überlegenen Algorithmus in der Lage, sich völlig ohne Konfiguration oder bauliche Maßnahmen in allen dynamischen Umgebungen zuverlässig zu orientieren; so gelingt der nächste Technologiesprung in der Automatisierung.«
Präzise und unique? Auf jeden Fall. Offene Fragen? Keine wichtigen. Die Bedeutung der Fakten? Ebenfalls klar. Und das emotionale Gewicht? Der Sprung, den wir schaffen müssen.
Spannend an diesem Kern ist, dass sich seine Kraft nicht jedem sofort erschließt, es sei denn, man ist mit dem Thema »Mobile Lagerlogistik in

der Industrie 4.0« vertraut. Ist das ein Problem? Nein, es zeigt nur einen weiteren wichtigen Aspekt: Kerne müssen nicht für jeden verständlich sein, sondern nur für diejenigen, die wir mit der Kommunikation erreichen wollen. Kerne stehen also immer in einem Kontext, haben eine Zielgruppe. In diesem Fall Planer und Einkäufer von großen Unternehmen, die ihre Logistikzentren mit autonomen Robotern ausstatten wollen.

Der Kern eines großen Handelskonzerns bei den Themen Müll und Nachhaltigkeit lautete: »Wir sind Marktführer bei Plastikvermeidung«. Hier war die Materie so einfach und überschaubar, dass wir relativ rasch in den Bereich kreativer Sprache gekommen sind – die Aussage selbst ist als Basis für Kommunikation aber trotzdem präzise und unique. Das scheinbar fehlende emotionale Gewicht dieser trockenen Aussage steckt natürlich im gesellschaftlichen Kontext: Wer bei Plastikmüllvermeidung Marktführer ist, hat fast schon automatisch die Heldenrolle ergattert.

Eine große TV-Reportage über den ugandischen Warlord Joseph Kony stellte eine unerwartete Herausforderung dar: Es gab viele Seitenstränge, Protagonisten und mögliche Kernthemen, vieles was »wichtig« war, und was wir von dem »entscheidend« trennen mussten, bis sich am Ende dieser Satz herauskristallisiert hat: »Wie die USA über eine manipulative Social-Media-Kampagne Kontrolle über Uganda gewonnen haben«. Das emotionale Gewicht? Die Stimme in uns, die »Wie fies!« sagt.

Ein führendes Hightech-Unternehmen der Medizinbranche suchte nach dem Kern ihres neuen Video-Tools, mit dem Ärzte virtuell zu schwierigen Operationen dazugeholt werden können. Einer der frühen Versuche lautete: »Telemonitoring: Ein echter medizinischer Mentor ist mit dabei«. Das war in der Sache richtig, erfasste aber nicht die eigentliche emotionale Bedeutung des Produktes. Die wurde erst in der finalen Version deutlich: »Der Arzt erhöht seinen Behandlungserfolg, weil er in Echtzeit und virtuell die Zweitmeinung einer Koryphäe einholen kann, ohne die Infektionsgefahr zu erhöhen.«

Die Suche nach dem Kern ist immer unplanbar. Mal lösen sich komplexe Sachverhalte rasch in einen klaren Satz auf, mal glaubt man: »Das geht schnell, ist ja nur ein Festival« und kämpft eine gute Stunde darum, das Wesentliche, Unterscheidbare zu finden. Im Fall des Festivals war es nicht die Musik allein, nicht die Location, nicht die Besucher, sondern (wie oft bei Kernen) eine einmalige Kombination von Faktoren, die einzeln nur »wichtig« sind: »Zwanzig Freunde erschaffen jedes Jahr an einer neuen coolen Location ein einzigartiges Techno-Festival für ihre Fans aus der Öko-Szene.«

Dann wieder lässt sich eines der großen deutschen Ausstellungshäuser in ein paar Worten fassen und positionieren. »Wir machen mit einem facettenreichen Programm aus Kunst, Kultur und Wissenschaft kulturelle Entwicklungen sichtbar, die uns alle betreffen.« Dieser Kern ist Beschreibung und Herausforderung zugleich, ein Maßstab, der ab sofort an alle zukünftigen Projekte des Hauses angelegt werden kann.

Noch simpler klingt manchmal das Ergebnis bei Vorabend-Unterhaltung: »Grantiger Urbayer trifft auf nervige Berlinerin und nur drei Waschbären können die Situation retten«. Wenn man das so liest, ahnt man natürlich nicht, wie viele wichtige, aber nicht entscheidende Personen, Handlungsstränge und Ideen wir weglassen mussten, um hier zu landen.

Was unterwegs passiert

So wichtig das Finden und Formulieren des Kerns auch ist – fast genauso wichtig ist das, was unterwegs passiert. Das ist zum einen, wie oben beschrieben, der Klärungsprozess selbst, in dem wir Berge von Informationen durchdenken und bewerten und anschließend wissen, was wichtig ist und was entscheidend.

Aber unterwegs zum Kern passiert noch etwas: Während der Suche nach ihm füttern wir unseren Geist mit einer Unmenge an Informationen in Form von Bildern, Worten, Zusammenhängen, Stories und Details. Die meisten davon sind am Ende unwichtig für das kreative Ergebnis, aber in ihrer Gesamtheit sind sie wichtiges Spielmaterial für den Wal, Futter für das Assoziative Netzwerk.

Im Briefing für die US-Kampagne des VW Käfers 1964 stand mit Sicherheit nichts darüber, dass der Wagen »eiförmig« aussieht. Aber natürlich haben sich die Kreativen bei DDB mit dem seltsamen German Auto ausgiebig beschäftigt, mit seiner Motorleistung, den Wartungsintervallen, dem Verbrauch, aber eben auch mit seinem Design. Irgendwann ist dann jemandem aufgefallen, dass der Käfer, von hinten gesehen, einem Hühnerei verblüffend ähnlich sieht. Relevant? Das wusste in diesem Augenblick noch niemand, es war nur eines von unzähligen Details, Spielmaterial für den Wal. Irgendwann später wurde dieses Detail zu einer der berühmtesten Anzeigen aller Zeiten: Ein schlichtes, weißes Ei, bemalt mit den Umrissen des Käfers und der Zeile: »Es gibt Formen, die kann man nicht verbessern.« Mehr Differenzierung und sympathische Erdung ging nicht im Land der abgedrehten Heckflossen-Straßenkreuzer.

Genauso wenig, wie im Käfer-Briefing das Wort »Ei« vorkam, stand im Briefing für den Sony Bravia Fernseher irgendetwas über »Gummibälle«. Vielleicht war da nur ein Ausdruck wie »quicklebendige Farben« oder eine andere bildhafte Formulierung, ein inspirierendes Wort, denn mehr braucht es nicht, um das Assoziative Netzwerk zu kitzeln, bis es uns quietschbunte Gummibälle (oder explodierende Regenbögen? eine Schmetterlings-Invasion?) ins Bewusstsein wirft.

Wir wissen vorher nie, welches Detail die Schöpferische Intuition in eine Idee verwandelt, deswegen gilt: je mehr wir aufsammeln, desto besser. Links und rechts des Briefings und gern auch in größerer Entfernung und, noch besser, beim Zeitgeist.
Zum Start der letzten Star-Wars-Trilogie klebte das Bundesverkehrsministerium Plakate, die einfach nur den Bösewicht Darth Vader mitsamt seiner ikonisch-düsteren Kopfbedeckung zeigten, versehen mit dem trockenen Kommentar: »Die Saga geht weiter. Dank Helm.« Die Unterzeile: »Gilt in jeder Galaxie. Und auf dem Fahrrad.«
Auch dieses kleine Detail, die Premiere des neuesten Star-Wars-Films, herausgefischt aus dem medialen Wirbelwind der Gegenwart, stand mit Sicherheit nicht im Briefing. Aber der Wal hat mit seinem Händchen für Analogien die Verbindung gesehen.

Deshalb ist eine der wichtigsten Eigenschaften von Kreativen ihre tiefe, persönliche Neugier auf – absolut alles Mögliche. Wie Werber-Legende Leo

Burnett, einmal meinte: »Neugier auf das Leben in all seinen Aspekten ist das Geheimnis großer Kreativer.« Dank dieser Neugierde füttern wir unseren Wal und sein Assoziatives Netzwerk mit Bergen von Spielmaterial, ohne darauf zu achten, ob unser Wissen über britische Kampfflugzeuge des 2. Weltkriegs, die Fauna der Holsteinischen Schweiz oder das Spätwerk Hermann Hesses jemals in irgendeiner Weise relevant werden könnte. Werden sie natürlich nicht. Bis sie es plötzlich doch werden und eine Idee, eine Analogie entsteht, die niemand vorher gesehen hat.
Etwas ganz und gar Neues.
Kreation eben.

Was Kerne brauchen

Aus der immensen Bedeutung des Kerns ergibt sich eine Erkenntnis, der ich selbst vor zehn Jahren noch harsch widersprochen hätte, von der ich aber inzwischen fest überzeugt bin: Wenn wir richtig gute Kreation machen wollen, müssen wir 80 Prozent unserer Zeit in das Finden des Kerns investieren. Die eigentliche Kreation folgt dann fast immer mit verblüffender Mühelosigkeit, denn je genauer der Wal weiß, welche Information er in Analogien und Stories übersetzen soll, desto schneller findet er sie.
Bei einfachen Themen sind es vielleicht nur 60 Prozent der Zeit, bei hochkomplexen aber auch gern mal 90 %. Um gute Kreative zu sein brauchen wir deshalb starke Nerven und das Vertrauen, dass wir all die Zeit, die wir an den Kern »verschwenden« am Ende doppelt hereinholen werden – zum einen durch die Mühelosigkeit und Geschwindigkeit, in der Ideen in uns »einfallen«, zum anderen in der ganz anderen, höheren Qualität der Ideen.

Die Radikalität dieser 80 / 20 Regel habe ich vor ein paar Jahren am eigenen Leib erfahren. Ich wurde gebeten, für eine Hamburger Grundschule einen neuen Claim zu entwickeln. Dieser Prozess dauert normalerweise durch all seine Phasen einige Wochen: Briefing, Eintauchen in die Materie, Recherche, Inkubation und dann, irgendwann: Schreiben & Feilen.
In diesem Fall ging es etwas schneller.
Der Claim war nach weniger als einer Viertelstunde fertig und wurde sofort »gekauft«.

Von außen könnte man das für die Gnade des Augenblicks oder einen Zufallstreffer halten, mein Ego hätte das gern auf meine Brillanz als Texter und Kreativer geschoben – aber die Wahrheit ist viel simpler: Ich wurde volle fünf Jahre lang auf diesen Job gebrieft.

Meine Frau war Lehrerin an besagter Schule und hatte mir fast jeden Tag von ihrer Arbeit erzählt. Ich kannte die Kolleginnen, den Führungsstil der Rektorin, wusste um die Verbundenheit der Schule mit der Seefahrt und ihre Lage nahe der Elbe. Ich kannte den hohen Anspruch des Kollegiums an die Qualität des Unterrichts, den Ehrgeiz, die Schüler zu fordern – und das Augenmerk der Schule auf einen liebevollen, empathischen Umgang mit den Kindern.

Mit anderen Worten: Ich kannte den Kunden so in- und auswendig, wie das als Externer nur möglich ist.

Als der Auftrag kam, war der Wal eigentlich schon längst fertig, ich musste es nur noch aufschreiben:

»Klarer Kurs. Weites Herz.«

Alles beginnt hier

Auch auf die Gefahr, mich zu wiederholen:

Der Kern ist der Schlüssel zu allem.

Alle Klarheit, die wir hier finden, wird uns zu kraftvoller, wirksamer Kreation führen. Alle Unklarheit, die wir hier nicht auflösen, wird sich in unfokussierter, generischer, unklarer Kreation abbilden.

Bei allem, was das Boot insgesamt problematisch macht, seine Blindheit für die Harmonien, sein Stolz auf die eigenen Fähigkeiten, seine Lautstärke und die Tendenz, die intuitiven Stimmen in uns an den Rand zu drängen – hier ist sein Moment. Ohne unser analytisches Denken können wir die erste der beiden zentralen Fragen des Kreativprozesses nicht beantworten: »Was will ich sagen?«

Wenn wir gleichzeitig dem Beitrag des Wals dasselbe Gewicht zumessen, wenn wir die Intuition das emotionale Gewicht der Informationen und Zusammenhänge finden lassen – dann haben wir eine optimale Basis für Kreation.

Natürlich können wir diese erste Phase auch hastig-halbherzig hinter uns bringen oder ganz überspringen, weil wir uns mit dem Thema, dem Kunden, dem Produkt gut auskennen, weil wir keine Zeit für oder Lust auf dieses nervige, anstrengende »Nachdenken« haben – aber der Preis dafür ist gewaltig.
Wenn wir Kreation starten, ohne den Kern zu haben, sind wir gezwungen, nach dem Kern zu suchen, während wir Kreation machen.
Texter kennen diese Arbeitsweise gut: man schreibt schon mal los und sucht nach Formulierungen, Einstiegen, starken Zeilen in der Hoffnung, dadurch herauszufinden, worum es eigentlich gehen sollte in der Kommunikation. So zu arbeiten ist ungefähr so, als würden wir auf offener Bühne vor ausverkauftem Haus ein Violinenkonzert spielen, während das Instrument in unseren Händen zu Ende gebaut und gestimmt wird. Dass dabei weder ein schönes Instrument noch ein berührendes Konzert entstehen kann, ist offensichtlich.

Auch ein halbgarer, unsauberer Kern ist gefährlich. Denn jedes Wort des Kerns schickt den Wal in eine bestimmte Richtung, leitet die Tauchfahrt in sein unermessliches Assoziatives Netzwerk, definiert, was er finden kann und was für ihn jetzt nicht mehr denkbar ist.
Ist es ein falsches Wort, sucht er an der falschen Stelle. Steht im Kern einer neuen Porsche-Baureihe »berstend vor Kraft« nimmt der Wal und mit ihm die Kreation einen komplett anderen Kurs, findet andere Bilder und Geschichten, als wenn der Kern »elegante Energie« beinhaltet. Jedes Wort ist hier gefährlich, riskant, viel mächtiger, als es scheint.

Und wenn es keinen Kern gibt? Dann führt das im Idealfall zu Kreation, die verrückt, eigen, spektakulär und sehr kreativ ist – aber nichts sagt oder nicht das, was wir sagen wollten. Das passiert manchmal in Workshops, wenn jemand in der Kreativphase den gemeinsam gefundenen Kern schlicht vergisst. Dann entstehen Stories oder Texte, die wir für ihre schillernde Brillanz bewundern, die aber im engeren Sinn keine Kommunikation sind sondern zufälliges, wunderbares Spektakel und mehr nicht.
Selbst die großen Freigeister der Musik, die Jazzer, geben unumwunden zu, dass ohne Kern nichts wirklich Großes entstehen kann. In den Worten von Jazzlegende Charles Mingus: »You can't improvise on nothing, man; you've gotta improvise on something.«

Aber zum Glück ist auch das Gegenteil wahr. Ich erlebe in Workshops immer wieder, wie Kreative weit über dem Niveau arbeiten, das sie sich selbst zugetraut hätten, einfach weil wir viel Zeit und Energie in die Klärung des Kerns gesteckt haben und ihr Wal so auf eine ganz ungewohnt fokussierte Suche gehen kann.

Egal, wie man es nennt, Kern finden, »Vorbereitung« (Wallas), oder »Sammeln & Draufherumkauen« (Webb), der erste Teil ist jetzt geschafft:
Wir stehen vor einem Satz, der vielleicht nicht gut klingt, aber klar, präzise und unique ist.
Und fragen uns:
So viel Arbeit für die paar Worte? Lohnt das überhaupt?

Kreation

Denke nicht. Denken ist der Feind der Kreativität. Es ist befangen und alles Befangene ist lausig.

RAY BRADBURY

Wir stehen am Beginn der zweiten Phase.
Das Boot hat in harter Arbeit geklärt, strukturiert, analysiert, verifiziert, Muster gefunden, Klarheit geschaffen, das faktische Gewicht gefunden. Der Wal hat – mehr oder weniger mit links – das emotionale Gewicht des Kerns identifiziert. Beide haben den einen Satz, den Kern aufgeschrieben.

Ab jetzt übernimmt Intuition die Führung – und hat alles, was sie dafür braucht: Ordnung, Richtung, Führung, ein Ziel.
Und wenn wir weiterhin alles richtig machen, passiert erstmal – nichts.
Jedenfalls nichts, was wir bemerken.

Die Stille vor der Idee

Was wir allerdings nicht bemerken, während scheinbar nichts passiert: Der Wal ist bereits unterwegs im Assoziativen Netzwerk. Er ist abgetaucht, arbeitet im Stillen und sucht nach kreativen Übersetzungen des Kerns. Nach Bildern, Worten, Assoziationen, Metaphern, Stories, nach den lebendigen Analogien für den klaren Gedanken.
Wallas nennt diese Phase »Inkubation«, Webb «Verdauen« und der Rest der Welt »drüber schlafen«.

Und genau das ist jetzt entscheidend. Je länger wir unseren Geist von der Aufgabe ablenken können, desto vielfältiger und besser werden unsere Ergebnisse. Das hat eine ganz entscheidende Konsequenz für die kreative Arbeit.
Es liegt ganz offensichtlich in der menschlichen Natur, zu trödeln oder, wenn das besser klingt, zu prokrastinieren, also bis zum vorletzten Moment mit dem Lösen der Aufgabe zu warten. Dieses Trödeln ist interessanterweise völlig in Ordnung, sogar hoch produktiv, wenn wir wissen, wann genau wir trödeln können und sogar sollten. Eben nicht, bevor wir eine Aufgabe starten, das ist die Art von Trödeln, die fast unweigerlich zu Stress und schlechten Ergebnissen führt. Trödeln können und sollten wir, nachdem wir den Kern geknackt haben, nachdem wir so präzise wie möglich wissen (und formulieren können), was wir sagen wollen. Dann und erst dann ist Prokrastination kein Problem mehr, sondern das Schlaueste, was wir tun können, das wurde in etlichen Experimenten wissenschaftlich nachgewiesen. Je länger wir unseren Geist von der einmal verstandenen Aufgabe ablenken können, desto besser und zahlreicher werden die Ergebnisse am Ende.
Deshalb: Den Kern knacken.
Und dann: Ausklinken, Spazierengehen, Netflix einschalten, Flasche entkorken. Alles tun, damit unser bewusstes Denken die Intuition in Ruhe machen lässt.
So entsteht nicht nur überraschende, neue Kreation, so entstehen auch wissenschaftliche Durchbrüche. Der legendäre französische Mathematiker Henry Poincaré hatte sich monatelang intensiv in ein spezielles Problem mathematischer Gleichungen vertieft, ohne einen Schritt vorangekommen zu sein und gab auf. Wochen danach, inzwischen beschäftigt

mit einem nicht-mathematischen Thema, flog ihm die Lösung beim Einsteigen in die Straßenbahn einfach so zu. August Kekulé hat das »drüber schlafen« dann sogar wortwörtlich genommen und löste, wie wir oben gesehen haben, das Rätsel des Benzol-Moleküls über Nacht, in einem Traum.

Wie lang sollte die Inkubationsphase sein? Die Faustformel: Je komplexer die Aufgabe, desto länger. Bei Kommunikationsaufgaben genügen oft schon ein paar Stunden oder eine Nacht, um dem Wal genügend Zeit für seine Suche zu verschaffen, manchmal, wie oben beschrieben, legt er sogar schon los, während wir eigentlich noch nach dem Kern suchen.
Bei Mathe oder Chemie darf's schon mal etwas länger dauern.

Warum ist der Wal hier so langsam, wenn er in so vielen anderen Fällen praktisch überhaupt keine Zeit benötigt? Weil hier die Schöpferische Intuition am Werk ist, nicht die wahrnehmende Intuition. Der Wal fischt im prinzipiell unendlichen Meer der Möglichkeiten des Assoziativen Netzwerks – und das dauert, wie wir in Kapitel 3 gesehen haben, naturgemäß viel länger, als ein konkretes Stück Kreation zu durchschauen.

Ideen machen

Jetzt endlich ist sie da – die große Zeit des Wals.
Jetzt übernimmt er die Führung und wir betreten die Stille Zone, den inneren Raum, der so vollkommen anders ist als der Raum des analytischen Denkens. Ging es eben noch um Klarheit, Kontrolle und Präzision, geht es jetzt um das Gegenteil:
Um Spielen und Loslassen, um Rumspinnen und Zuhören, darum, ganz und gar offen zu sein für den kostbarsten Zustand, den es in der kreativen Arbeit gibt: den Flow.
Flow – das ist nichts anderes als permanente Echtzeit: der Zustand absoluter Präsenz, das blinde Vertrauen in die kreative Seite, das angstfreie Loslassen, das wir brauchen, damit die Ideen zu uns kommen können. Anders gesagt: die Abwesenheit von Kritik, Kommentar, Korrektur.

Und sofort taucht die große Herausforderung dieser Phase auf: Das Boot, bis eben noch unangefochtener Co-Chef und (zumindest in seinen Augen) Mastermind des Prozesses muss die Kontrolle abgeben. Genau das will es nicht – und wird sich von jetzt an dagegen sträuben. Aber die Kontrolle muss abgegeben werden, wenn Kreation entstehen soll.
Das Boot muss tatsächlich, sorry, die Klappe halten.

War es in der »Kern«-Phase noch die größte Herausforderung, das Boot lang genug mit höchster Leistung laufen zu lassen, müssen wir es jetzt in der »Kreation«-Phase zur Ruhe bringen, sozusagen am Ufer vertäuen, damit die Intuition vor den Störfeuern des rationalen Denkens geschützt ist.
Denn das Boot versteht Kreation nicht, kann keine innere Schlüssigkeit spüren, nicht die Wahrheit in einer Analogie sehen, nicht erkennen, ob eine Story uns berührt, obwohl, oder gerade weil sie Lücken hat.
Das Boot versteht nichts von den Harmonien.

Die Impulse des Bootes kennen wir alle. Sie klingen immer vernünftig, sind logisch, können argumentativ kaum widerlegt werden. In ihnen geht es ganz häufig um Dinge aus der Fülle der Fakten, »... die doch auch wichtig sind«.
Wenn wir den Boot-Impulsen folgen, ist das Ergebnis in jedem Fall sehr lustig, wenn es nicht so schlecht wäre: Eine Stelle, die textlich, visuell, gedanklich holpert, stockt, nicht zum Rest passt.
Und die natürlich ganz und gar unsere Schuld ist: das Boot darf niemals diktieren, was der Wal sagt. Aber genau das tut es sehr gern, denn es glaubt tatsächlich, es kann texten.
Kann es nicht, von Bedienungsanleitungen und dem Kleingedruckten in Mobilfunkverträgen einmal abgesehen.

Eines der spektakulärsten Beispiele dafür, was passiert, wenn das Boot Kreation macht, oder, noch schlimmer, wenn es Regeln für Kreation aufstellt, ist die Zwölftonmusik, erdacht und zum ersten Mal umgesetzt von Arnold Schönberg.
Die Zwölftonmusik löst alle tonalen, also harmonischen Beziehungen der Töne untereinander auf zugunsten eines mathematisch gedachten neuen Konstruktionsprinzips. Sie basiert auf einer Zwölftonreihe, einer beliebigen, aber vollständigen Anordnung aller Halbtöne der chromatischen

Tonleiter. Kein Ton darf ein zweites Mal erklingen, bevor nicht alle anderen elf Halbtöne der chromatischen Tonleiter ebenfalls erklungen sind. So wird verhindert, dass Musik einen Grundton bekommt und eine Tonart, denn alle Töne werden absolut gleichwertig behandelt. Rein rechnerisch gibt es knapp 480 Millionen mögliche Zwölftonreihen, unter denen ein Komponist wählen kann.
Was auf dem Papier so sauber und klar aussieht (und was uns in seiner perfekten Konstruktion bei der Analyse kleine Glücksmomente bescheren kann) klingt in der Praxis fast immer wie die sprichwörtliche Katze (oder gleich mehrere, sehr große, sehr schlecht gelaunte Katzen) auf dem Klavier: Chaotisch, schmerzhaft dissonant, wahllos. Es lässt uns mit einem Gefühl von unangenehmer Verwirrung zurück, oft sind wir vage unwillig, manchmal sogar wütend, ohne dass wir genau wüssten, warum. Hier meldet sich unser Zugang zu den Harmonien mit dem deutlichen Gefühl, dass hier Grundsätzliches schiefgegangen ist. Denn genau das ist es.
Eine rationale Kopfgeburt hat die lebendige, harmonische Seite der Musik erstickt.

Schönberg war ein großer Komponist und seinen Werken wie z.B. dem Opus 33a ist anzuhören, dass er viele andere Harmonien, zum Beispiel die der Polarität und des Spannungsbogens auf andere Weise erzeugen wollte, durch Zusammenballung von Tönen zu einem akustischen Höhepunkt gefolgt von stillen, einstimmigen Passagen, die dazu ein Gegengewicht bilden. Aber diese Musik hat keine hörbaren Harmonien mehr, keine wahrnehmbaren inneren Beziehungen, jenseits der korrekt und regelkonform konstruierten Anordnung der Töne. Sie klingt schlicht nicht schön, weder an der Oberfläche noch in der Tiefe.
Schönbergs Wunsch, »... dass man meine Melodien kennt und nachpfeift.« konnte unmöglich in Erfüllung gehen.

Die Steigerung der Zwölftonmusik ist die Serielle Musik, in der auch Klangfarbe und Rhythmus in abstrakte Regeln gezwängt werden. Einer ihrer wichtigsten Vertreter war der international gefeierte Komponist Karl-Heinz Stockhausen. Wie weit dessen Serielle Musik von den Universellen Harmonien entfernt war, berichteten Orchestermusiker, die Stockhausen-Werke aufführen mussten: »Die psychischen Belastungen waren bei diesen Musikern dreimal so hoch wie bei den Interpreten der harmonischeren klassischen Stücke. Die Musiker klagten über »klangliche Spannungen, die unerträglich seien.«, so der WDR, der Stockhausen ansonsten eng verbunden war.

Das Boot – es kann keine Kreation.
Es ist in dieser Phase raus aus dem Kreativprozess.

Aber die Wirklichkeit ist, wie oben erwähnt, etwas unaufgeräumter.
Das Boot ist natürlich trotzdem immer noch da, steuert, filtert Unsinn heraus, lenkt Gedankengänge, beeinflusst Entscheidungen. Das ist extrem hilfreich und solange kein Problem, solange das Boot nicht übermächtig wird. Es darf weder führen noch bestimmen – und es darf vor allem nicht das tun, was es aus dem Eff-Eff beherrscht: kommentieren, kritisieren, korrigieren. Es muss stattdessen in dieser Phase etwas sein, das ihm so gar nicht liegt: demütig, zurückhaltend, unterstützend.
Wenn nicht, leidet Kreation sofort. Denn das Boot killt das, worum es in dieser Phase vor allem anderen geht: den Flow.

Also halten wir uns, um es zu bändigen, an die Regel: »Das Boot hält die Klappe«. So verhindern wir, dass brillante, aber halbfertige Ideen ins Abseits diskutiert werden, oder »richtige« Ergänzungen die Stimmigkeit der Kreation stören. Wenn wir uns vornehmen, dass es schweigen muss, haben wir eine Chance, dass es sich wenigstens einigermaßen benimmt.

Wollen. Sollen. Müssen.

Wenn das Boot aber doch nicht still ist und man dann einen Texter fragt, warum er diese holpernde Stelle denn geschrieben hat, »... der Rest war doch klasse!?« benutzt er unweigerlich eines von drei Worten als Begründung:
»wollen«, »sollen« oder »müssen«.
Das klingt verrückt, aber ich beobachte das mit ungebrochener Faszination seit über zehn Jahren.
Es fallen dann Sätze wie: »Ich wollte noch die Analogie mit der Katze einbauen« oder »Wir sollten doch den zweiten Micro-Chip erwähnen« oder »Ich dachte, wir müssen mit der neuen Zutat des Schokoriegels anfangen ...«.

Das Ganze gibt es auch in der Negativ-Version. »Ich dachte, wir sollten die Katze NICHT einbauen« ...

Zwei Aspekte daran sind faszinierend:
Dem Boot war es nicht nur völlig egal, ob das, was es unbedingt noch in den Text, den Film, die Ausstellung hineinpressen wollte, auch wirklich reinpasste – was per se schon schlimm genug ist.
Noch faszinierender ist etwas anderes: Das Boot hat das Holpern und Abreißen des Flows, dass es durch seine Einmischung produziert, noch nicht einmal bemerkt.
Warum? Das Lebendige, Stimmige liegt außerhalb seines Hoheitsgebietes, sogar weit jenseits der Grenzen seiner Wahrnehmungsfähigkeit. Es ist tatsächlich blind für die Harmonien, die der Wal kennt und ausspielt. Nur auf der objektiv überprüfbaren Ebene der Fakten fühlt es sich sicher.

Wenn »Wollen, Sollen, Müssen« ihr verkopftes Haupt erheben, können wir auch deswegen sicher sein, dass das Boot gerade eine Blutgrätsche in den kreativen Prozess macht, weil der Wal diese Worte weder kennt noch benutzt.
Der Wal will nicht, der Wal muss nicht und dass er etwas soll, interessiert ihn nicht.
Der Wal ist.
Er nimmt wahr, durchschaut und fühlt mit äußerster Klarheit, aber er hat keine Agenda, keinen Willen, kein Ziel.
All das hat nur das Boot. Und diese harmlosen drei Worte sind einer der wirksamsten Tests für seine – unerwünschte – Anwesenheit.

Fließen

Es gibt einen einfachen Weg, Kreativen vor Augen zu führen, wie wichtig es ist, den Wal ungestört arbeiten zu lassen. Er besteht aus zwei simplen Fragen:
»Wer von euch hat schon einmal etwas richtig Gutes, vielleicht sogar Großartiges geschrieben, gemalt, sich ausgedacht, gestaltet?« Egal, ob beruflich oder privat, ein Banner oder ein Gedicht für Omas 90. Geburtstag, eine

Instagram-Story, ein TV-Spot, einen Liebesbrief ...
Viele trauen sich nicht, sich selbst zu loben, aber am Ende geben die meisten vorsichtig zu: »Ja, hab ich.«
Dabei ist es die zweite Frage, um die es eigentlich geht: Wie es sich denn angefühlt hat, diese richtig gute Kreation zu machen: Anstrengend? Holperig? Mühsam?
Die Antworten, die jetzt kommen, sind immer gleich: »Nein, das floss einfach«, »... das kam wie von selbst«, «... das sprudelte so raus, fiel mir zu, da hab ich gar nicht nachgeda...–«
Genau.

Die Momente, in denen wir im Flow waren, waren diejenigen, in denen wir unsere beste Kreation geschaffen haben – es waren die Zeiten, in denen wir eins waren mit dem Wal und das Boot vertäut am Ufer lag.
Oder, um unserem Bild eine kurze Pause zu gönnen: Wenn wir im Flow sind, geht es dem Analytischen Denken ein bisschen wie Troubadix, dem liebenswerten aber komplett unmusikalischen Barden in Asterix und Obelix. Wann immer die Gallier Party machten und unter nächtlichem Sternenhimmel das Leben und sich selbst feierten, mit Tanzen, Lachen und ein paar Dutzend gegrillten Wildschweinen, dann durfte Troubadix nur zuschauen. Er wurde jedesmal mit einem freundlichen »Nein, Du wirst nicht singen!« an die große Eiche am Rand des Festplatzes gefesselt und anständig geknebelt. Warum? Damit er die Party nicht mit seinen ohrenzerfetzenden Gesängen ruinierte.
Wann immer wir Kreation machen, etwas Lebendiges, Wahrhaftiges, Schönes erschaffen, gilt das Gleiche für das Boot:
»Nein, Du wirst nicht reinquatschen.«
Auf diese Party ist es nicht geladen.

Jetzt, im Flow zeigt sich auch zum ersten Mal, was ein präziser Kern bewirken kann.
Denn Flow entsteht dann – und nur dann! – wenn wir absolute Klarheit darüber besitzen, was wir sagen wollen. Wenn wir einen Liebesbrief schreiben, dann ringen wir vielleicht mit den Worten, aber wir fragen uns nicht, ob wir den Empfänger lieben. Das ist bereits geklärt. Und damit ist der Weg frei für Kreation, denn unser Ringen dreht sich nur noch um das Wie, nicht mehr um das Was. Der Wal kann seine ganze Stärke ausspielen und wenn wir alle Stimmen aus dem Off, Troubadix und seine Kollegen stumm schal-

ten, dann besteht die Chance, dass wir etwas zustandebringen, das einen anderen Menschen erreicht und berührt.

Dieser ideale, beglückende Zustand des Flows ist kein Zufall und nur zu einem kleinen Teil Gnade des Augenblicks. Wir können diesem Flow den Weg bereiten, ihm alles geben, was er braucht, wir können ihn sogar in Gang setzen. Welche Kreation wir erschaffen, welche Idee uns »einfällt«, liegt außerhalb unserer Kontrolle – aber dass uns etwas einfällt, dafür können wir sorgen, indem wir zwei Hürden überwinden.

Die erste Hürde ist das Finden des Kerns, der absoluten Klarheit darüber, welche Information in Kreation verwandelt werden soll. Das Analytische Denken, das mitentscheidend für diese Klärung ist, arbeitet bei all seiner Brillanz 250.000 mal langsamer als Intuition.

Die zweite Hürde besteht darin, unser waches Denken und Wollen, unser Konstruieren und Kontrollieren am Ufer zu vertäuen und uns dem kreativen Prozess anzuvertrauen. Das fällt uns nicht immer leicht, aber gleichzeitig kennen wir alle das Glück, das sich einstellt, wenn es uns gelingt: wenn wir auf unsere Schöpferische Intuition hören, auf das, was Goethe »exakte sinnliche Phantasie« nennt in dem Wissen, dass sie tiefer, schneller, umfassender und klüger ist als jede andere Kraft in uns.

Durcheinander

Aber auch hier ist die Wirklichkeit unaufgeräumter als der Prozess. Weil der Kern selten so kristallklar ist, wie er sein müsste, stehen wir oft vor der Aufgabe, loszuschreiben, obwohl nicht völlig klar ist, was wir sagen wollen. Aber genau das funktioniert überraschend gut, mindestens in der Textarbeit. Offensichtlich kann die Klärung und Präzisierung des Kerns zum Teil auch im Schreiben selbst, in der Suche nach den richtigen Worten stattfinden. Das ist zwar mühsamer und langsamer, als wenn wir auf Basis eines fertigen Kerns in den Flow kommen, aber es funktioniert – und es funktioniert nicht schlecht.

Der Prozess dahinter ist klar: Jede neue Formulierung, die unser Assoziatives Netzwerk findet, wird direkt im Assoziativen Netzwerk auf ihre Stimmigkeit überprüft. So schält sich quasi im Ausschlussverfahren langsam heraus, was wir eigentlich sagen wollen, selbst, wenn auch die neue Formulierung (wie die drei letzten vor ihr), daneben liegt.
Es ist eine Art Selbstgespräch unseres schöpferischen Teils mit sich selbst. Nicht sehr effizient, aber verblüffend wirksam.

Kritik

Ich werfe einen Speer ins Dunkle, das ist Intuition. Dann muss ich eine Armee hinterherschicken, um den Speer zu finden, das ist Intellekt.

INGMAR BERGMAN

Die dritte Phase klingt altvertraut: wir schauen uns die Kreation kritisch an, bemängeln hier, verwerfen dort, verbessern jenes und dann wird das schon. Alles bekanntes Terrain.

In Wahrheit ist diese Phase die anspruchsvollste von allen. Denn zum zweiten Mal arbeiten Wal und Boot zusammen, aber so eng verwoben und gleichberechtigt wie an keiner anderen Stelle des kreativen Prozesses.
Das Spiel: Hier ist sein Höhepunkt.

Der Prozess der dritten Phase ist schnell erklärt:
Die Wahrnehmende Intuition spürt alle Stellen auf, die nicht perfekt sind, die Analyse findet heraus, was genau das Problem ist, die Schöpferische Intuition geht mit diesem »Rebriefing« wieder in den Flow und repariert, verbessert, vollendet.

Aber was hier so wohlgeordnet klingt, ist »live« ein wildes Spiel voller fließender Übergänge, für das unser Prozess nur ein Anhaltspunkt ist. Mal prescht die Analyse vor, weil sie einen faktischen Fehler entdeckt hat, mal brüten wir minutenlang über einer Stelle, weil wir die unmittelbare Wahrnehmung des Wals verpasst haben und uns jetzt durch den Irrgarten rationaler Argumente und Gegenargumente mühen müssen, mal löst die

Schöpferische Intuition das Problem mit links, noch bevor die Analyse es auseinandernehmen konnte ...

Für dieses sehr lebendige kreuz und quer müssen wir gleichzeitig hellwach und träumerisch sein, rational und im Flow, präzise und frei. Für den Wal ist das kein Problem, er will ja sowieso nur spielen. Das Boot hat es schwerer: In der Analyse-Phase war es elementar wichtig dafür, den Wal in die Kreation zu führen. Jetzt, in der Kritik-Phase wird es vom Wal in die Analyse geführt. Denn der Wal – und nur er – kann erkennen, über welche Stellen wir grübeln sollten, welche wir verbessern müssen. Das Boot muss also nicht nur auf die Wahrnehmende Intuition hören und ihr vertrauen – es muss ihr tatsächlich die Führung überlassen.

Natürlich erkennt auch das Boot dank seines Fundus an Regeln und Gesetzen Unstimmigkeiten in der Kreation, aber das sind immer oberflächliche Unstimmigkeiten, solche, die sachlich nachvollziehbar und von Regeln erfassbar sind – die uns als fühlende Wesen nicht brauchen.
Das klingt in Workshops gern mal so: »Im Text kommt keine direkte Ansprache an den Leser vor, also ist er unpersönlich.« Rational betrachtet gibt es natürlich einen Zusammenhang zwischen der Direktheit der Ansprache (IKEA's lockeres »du« ist ein typisches Beispiel) und unserem »angesprochen fühlen«. Aber nur die Intuition kann erkennen, ob der Text wirklich unpersönlich ist oder ob er auf seine eigene Weise Nähe erzeugt, eine Weise, die das Boot mit seinem starren Regelwerk nicht erfassen kann. Denn Nähe zwischen Text und Leser, Kreation und Publikum entsteht natürlich auch ohne kuscheliges »du«, z. B. dann, wenn ich als Empfänger spüre, dass die Story, die ich gerade höre, mich berührt, etwas mit mir zu tun hat. Dann fühle ich: »Die verstehen mich« und eine Nähe entsteht, die viel tiefer reichen kann als ein »du«.

Ob Kreation gelungen ist oder nicht, erkennt also nur der Wal. Das ist seine Rolle am Beginn der »Kritik«-Phase. Das Boot muss hier extrem eng geführt werden: Es darf immer nur das analysieren, was der Wal als Problem wahrgenommen und identifiziert hat, nichts anderes. Denn wenn das Boot nur lange genug auf eine Stelle starrt, findet es immer etwas. Leider meistens Dinge, die überhaupt nicht da sind und praktisch immer etwas Negatives. Analyse, die nicht auf intuitiver Wahrnehmung beruht, jagt Phantomen hinterher.

In einem Workshop textete ein Teilnehmer: »... und zaubere deinen Kunden ein Lächeln unter die Maske.« Die Reaktion im Raum? Alle lächelten. Und waren ein bisschen neidisch. Die Zeile blieb einige Minuten sichtbar, während wir darüber sprachen, was an ihr so gelungen war. Und dann passierte das, was wir alle aus Meetings kennen, die gut anfangen und frustrierend enden. Nach ungefähr drei Minuten sagte einer der Teilnehmer: »Aber ... das könnte man ja auch kritisch sehen, weil dieser Satz die Corona-Pandemie verharmlost, oder?«
Nein, kann man nicht. Und: Nein, tut er nicht.
Aber es kostete dann einiges an Arbeit, dieses kluge Geplapper des Bootes wieder aus der Welt zu räumen ...

Noch einmal: Das Boot darf ausschließlich die Dinge analysieren, von denen der Wal gemeldet hat: »Hier stimmt etwas nicht«. Alles andere ist brandgefährlich. Keine noch so großartige Idee überlebt auf Dauer konzentriertes Grübeln des Bootes.
Die Qualität der versammelten BILD-Texter bei »Wir sind Papst« bestand eben auch darin, dass sie ihrer ersten »walischen« Wahrnehmung gefolgt sind und die Stifte weglegten, statt nach konzentriertem Grübeln einzuwenden, dass »Wir sind Papst« ja garnicht relevant ist, wenn man evangelisch ist.

Bei der Analyse der Fehler, die der Wal gefunden hat, ist das Boot dann zwar wieder Boss und Alleinherrscher, denn die Erklärung für den Fehler – und damit den Schlüssel zu seiner Verbesserung – findet nur das Boot. Aber es muss danach sofort wieder loslassen und sich zurückziehen, wenn Intuition, geleitet von der Analyse, die Kreation verbessert und weitertreibt.

Hier zeigt sich eine erstaunliche Parallele zur zweiten Phase. In »Kreation« gilt: Kreation zu erschaffen ist dann leicht, wenn der Kern klar ist. In der dritten Phase gilt das gleiche Prinzip, leicht abgewandelt: Kreation zu verbessern ist dann leicht, wenn der Fehler klar ist.
Das ist ein nicht unwesentlicher Trost. Hat man erst die manchmal mühsame Analyse hinter sich gebracht, ist die »Reparatur« meistens ein Kinderspiel.

Die Phase »Kritik« beginnt damit, dass wir vor der ersten Version der Kreation stehen. Jetzt entscheidet sich: werden wir sie auf das nächste Level

bringen – oder kaputt machen?
Der Schlüssel dazu ist unser Umgang mit der Wahrnehmenden Intuition.

Die Kunst des Bewertens

Die Aufgabe der Wahrnehmende Intuition ist es, Kreation zu bewerten. Sie ist direkt da, in der Echtzeit und wir müssen genauso schnell sein: Jede Millisekunde, die wir verstreichen lassen, bevor wir den Wal zu Wort kommen lassen, verschafft dem Boot ein bisschen mehr Zeit, sich mit rational begründbarem Quatsch in den Vordergrund zu drängen. Sind diese analytischen Gedanken und Worte erstmal da, können sie nur schwer wieder beiseite gedrängt werden.

Damit dieses delikate Zusammenspiel von Analyse und Intuition in der »Kritik«-Phase gelingt, müssen wir uns anschauen, wie Sprache in diesen entscheidenden Momenten funktioniert.

Wir wissen, dass der Wal lange vor Sprache entstanden ist – er drückt sich in Bildern, Gefühlen, somatischen Markern aus, die wir erst in Sprache übersetzen müssen. In genau diesem Moment verliert der Wal allerdings seinen ungeheuren Geschwindigkeitsvorsprung. Und wir hören kurz danach in uns ein Durcheinander verschiedener Stimmen, weil Bewertungs-Sprache tatsächlich drei verschiedene Geschwindigkeiten besitzt.

Die schnellste Antwort auf die Frage »Wie findest du es?« kommt normalerweise aus dem Boot, also auf der rationalen Ebene. »Der Text ist sachlich« ist so eine typische Antwort, genau wie »emotional«, »informativ« oder »bildhaft«.
An diesen Antworten ist nichts auszusetzen außer, dass sie die Frage schlicht nicht beantworten. Sie beschreiben nur, was ein Text ist, nicht die Wirkung, die er in uns auslöst, nicht, ob er uns erreicht und berührt.
Diese Art von Antwort ist gern scheinklug. Die Bewertung: »Der Text hat so viele Satzanfänge« stimmt natürlich, das Boot kann gut mit Fakten. Aber es sagt nichts darüber aus, ob der Text dadurch einen spannenden,

pulsierenden Rhythmus bekommt, oder einfach nur abgehackt klingt.
Wir sind mit einer solchen Antwort immer auf der sicheren, weil sachlich korrekten Seite. Aber unserem Ziel, die Wirkung von Kreation zu erkennen, kommen wir so nicht näher.

Die zweitschnellste Antwort kommt, wenn alles gut läuft (und man etwas nachhilft), vom Wal.
Die Intuition scheint mit der Antwort zu zögern, Menschen schauen dann etwas hilflos umher, die Hände suchen in der Luft nach etwas Greifbarem – doch entgegen des Anscheins handelt es sich hier nicht um ein Geschwindigkeitsproblem. Der Wal weiß schon längst, wie gut die Kreation ist, aber wir müssen das erst wahr- und ernstnehmen – und dann auch noch in Sprache übersetzen. Das erste braucht Aufmerksamkeit und Vertrauen, das zweite braucht etwas Zeit.
Wenn wir all das geben – Aufmerksamkeit, Vertrauen, Zeit – ist das Ergebnis ein kleines Wunder. Dann spricht die Intuition, dann »bröseln« Texte, dann ist eine Headline »unbunt« und jedesmal stimmt es.
Je offener ein Mensch für seine Intuition ist, desto selbstverständlicher und schneller kommen diese walischen Kommentare.

Die dritte, langsamste Antwort ist die echte analytische Antwort, die wir erst erhalten, wenn das Boot in der Tiefe rekonstruiert hat, warum eine Stelle hakt, ein Bild nicht passt.

Aber die mit Abstand häufigste Bewertung von Kreation ist interessanterweise weder rein analytisch noch rein intuitiv, sondern ein Satz-Hybrid, der scheinbar vom Wal gesteuert wird, nur um als pures Boot zu enden.
Es ist der Satz: »Ich finde die Headline soundso, weil nämlich blablabla«.
Dieser Satz kommt so automatisch und ist so automatisch falsch, wir schauen ihn uns in Zeitlupe an:

Der Satz, der niemals stimmt

Alles beginnt damit, dass wir Kreation sehen, lesen, hören. Ganz gleich ob wir sie gerade selbst erschaffen haben, oder jemand anderes vor 490

Jahren. Eine Zeile, ein Bild, eine Statue, ein Song, ein Chateau, ein Auto. Wir nehmen es wahr und in Echtzeit signalisiert uns die Wahrnehmende Intuition, wie gut das Geschaffene ist, wie es um die Innere Qualität der Kreation bestellt ist.
Dann reagieren wir. Auf neudeutsch: Wir geben Feedback. Und egal, ob wir das nur in unserem Kopf tun, im Museum oder am Konferenztisch, wir reagieren immer auf die gleiche Weise, genauer: mit dem immer gleichen Feedback-Satz:

»Ich finde diese Idee (Zeile, Skulptur, Sinfonie, Produkt-Idee ...) _________, weil nämlich: ________.«

Dieser Satz ist der Grammatik gewordene Sieg des Denkens über das Wissen, der verbale Triumph der Nussschale über den stillen Giganten unter ihr.

Warum?
Der erste Teil »Ich finde die Idee _____« ist fast immer kostbar und wahr, es ist die rasche Stimme des Wals, der Wahrnehmenden Intuition. Hier findet seine unfassbare Geschwindigkeit, sein Zugang zu den Harmonien, seine uralte Weisheit ihren Ausdruck.
Jetzt müssten wir eigentlich nur noch den Mund halten und alles wäre gut. Stattdessen wollen wir genau das liefern, was wir in diesem Moment unmöglich liefern können:
Die Begründung.
Warum »unmöglich«? Wegen des Geschwindigkeitsunterschiedes. Der Teil in uns, der weiß, dass etwas großartig oder holperig ist, arbeitet eine viertelmillionmal schneller als der Teil, der erklären kann, woran das liegt.
Anders gesagt: In dem Moment, in dem der Wal weiß, wie gut etwas ist, kann das Boot unmöglich wissen, warum es gut ist. Aber unsere ehrgeizige Welterklärungsmaschine sagt – natürlich – trotzdem etwas.
Und das, was es dann sagt, ist praktisch immer: Blödsinn.

Feedbackrunde in einem Präsentations-Workshop. Ein Teilnehmer kommentiert die gerade vorgetragene Präsentation: »Ich fand sie total gut ...« wir alle nicken, uns ging es genauso, »... nur Chart 7 hat überhaupt nicht funktioniert ...«, fanden wir auch, irgendwas hat hier nicht gestimmt. Bis hierher war alles Wal. Aber dann übernimmt das Boot des Teilnehmers

und er sagt den zweiten, den »weil«-Teil des Feedback-Satzes: »... weil: Chart 7 war das einzige Chart in Schwarz-Weiß!«
Stimmte das? Selbstverständlich. Fakten kann das Boot.
War »schwarz-weiß« der Grund, warum Chart 7 nicht funktioniert hat?
Natürlich nicht. Es waren die Worte auf dem Chart, die wir nicht verstanden, die den Roten Faden der Präsentation unterbrochen haben.

Hier wird in aller Schärfe klar, was das Problem des Bootes ist:
Wenn wir es alleine nach der Begründung suchen lassen, dann greift es in seiner Unruhe, seinem Drang, zu analysieren, nach dem Erstbesten, das es finden kann. Und das ist fast immer das Auffälligste. Nach 6 Charts mit großformatigen Farbfotos ist Chart 7 mit seinem asketischen Schwarz-Weiß tatsächlich auffällig. Aber das ist eben genau nicht das Problem von Chart 7.

Und es wird noch besser:
Feedbackrunde in einem Textworkshop. »Toller Text, aber der zweite Absatz hat irgendwie überhaupt nicht funktioniert ...« sagt ein Teilnehmer und wir nicken zustimmend. Aber dann übernimmt pünktlich zur zweiten Hälfte des berüchtigten Satzes das Boot mit:
»... weil da so viele Anglizismen drin waren.«
Stimmt natürlich, das mit den Anglizismen.
Und jetzt wird es richtig schwierig, denn das Boot, das Gesetze, Strukturen, Muster kennt und liebt und baut, hat einen klaren Regelverstoß erkannt: Anglizismen sollte man in einem guten Text vermeiden, sie sind oberflächlich, pseudo-professionell und meist inhaltsleer. Und wenn unser Boot so einen klaren Regelverstoß erkennt, dann ist es fast unmöglich, dagegen anzuargumentieren, denn: wo es recht hat, hat es recht.
Tatsächlich aber waren die Anglizismen gar nicht der Punkt. Das Problem des zweiten Absatzes lag zwei Zeilen nach den Anglizismen, es war ein unauffälliger, aber tiefgreifender Logikfehler. Viel schwerer zu entdecken als die Anglizismen.

Nichts wäre jetzt leichter, als unser junges, eitles, analytisches Denken zu belächeln oder zu beschimpfen – aber beides wäre ein Fehler.
Unser Boot tut ja einfach nur das, wofür es da ist, und wodurch es uns tatsächlich zur Krone der Schöpfung macht: Es sucht und findet den Grund für das, was der Wal meldet.

Es findet Gesetze, definiert Regeln, versucht in das ganze unermessliche Chaos der Realität so etwas wie Ordnung zu bringen, Berechenbarkeit. Und wenn ein paar Male ein Text durch zu viele Konjunktive schwächer klingt, dann glaubt unser Boot zu verstehen: »Konjunktiv = schwach«. Wenn ein paar Mal Geschichten durch einen radikalen Twist großartig sind, denkt es: »Twist = großartig!«; und wenn ein paarmal ellenlange Sätze einen Text abtöten, glaubt es: »lange Sätze = schlecht«.

Was das analytische Boot aber nicht sehen kann, ist, ob genau dieser Twist in genau diese Geschichter funktioniert, oder nur ein unverständlicher Bruch ist; ob genau dieser Konjunktiv in diesem Text schwach ist oder außergewöhnlich geschmeidig; ob exakt dieser Satz in diesem Kontext und bei diesem Thema wirklich zu lang ist – oder uns magisch in eine Geschichte hineinsaugt.
Das Boot kann die innere Qualität der Kreation nicht erkennen, es versteht (man kann es nicht oft genug sagen) nichts von den Harmonien, es sieht nur die äußeren Schichten, das was zählbar und in Regeln zu fassen ist.

Denn das Boot ist zu langsam für die tiefere Wahrnehmung der Intuition. Es kann nicht annähernd im gleichen Tempo analysieren, wie der Wal die Dinge erfasst. Aber es würde so gern! Wenn wir es lassen, dann paddelt es los, in einer fast schon lustigen Mischung aus Eifer und leichter Panik und sucht nach dem »Warum«. Weil es aber so hektisch unterwegs ist, findet es etwas, auf das eine seiner Regeln zu passen scheint und ruft »Konjunktiv!«. Oder es greift nach der ersten Auffälligkeit, dem lautesten Symptom, dem schwarz-weißen Chart und meldet triumphierend: »Ich hab's!«.
Hat es nicht. Wie auch. Es ist wie ein Wettrennen zwischen Schnecke und Blitz. Aussichtslos wäre noch geprahlt.
An dieser Stelle wird es Zeit für ein wenig echtes Mitgefühl mit dem Boot: Es ist tatsächlich kein Spaß, absurd viel langsamer zu sein als der große Bruder. Schon gar nicht, wenn dieser Bruder auch noch ein stummer Autist ist, der den ganzen Tag bloß vor sich hinträumt.

Was also tun?
Wir müssen das Boot führen. Analyse ist eine hochkomplexe Angelegenheit, zu der der Wal tatsächlich nicht in der Lage ist. Sie braucht Zeit, und diese Zeit müssen wir dem Boot geben, besser gesagt, wir müssen es zwingen, sich selbst diese Zeit zu nehmen.

Es kann mit der Echtzeit des Wals nicht konkurrieren, aber es kann, wenn wir es an die Hand nehmen, etwas Einzigartiges erreichen:
All das analysieren und erklären, was die Intuition nur fühlen und schauen kann.

ReBriefing

Und genau das ist der nächste Schritt.
Herauszufinden, was hinter den seltsamen Meldungen der Intuition steckt, was der objektive, faktische Grund dafür ist, dass »... der Text bröselt« oder »... die Story ne Delle hat«.

Diese analytische Antwort ist genauso kostbar wie die Wahrnehmende Antwort der Intuition. Sie entsteht, wie schon beim Kern, im langsamen, manchmal mühsamen Analyseprozess und braucht die gleiche Konzentration und Genauigkeit wie er.
Das Kostbare an ihr ist: Der Wal hat zwar bemerkt, dass etwas schiefgelaufen ist, aber nur das Boot kann herausfinden, was genau schiefgelaufen ist. Erst jetzt können wir verbessern.

Zum zweiten Mal im Kreativprozess ist das Boot der Co-Star. Und genau wie beim ersten Mal einer, der hart ackern muss, denn die Gründe für »bröselig«, »Delle« und all die anderen Wahrnehmungen sind so schwer zu finden, wie die Information mit dem höchsten faktischen Gewicht.
Mal ist es ein unauffällig daneben liegendes Wort, mal reißt der Rote Faden der Geschichte, mal sind es die monotonen Satzlängen, dann wieder liegt es daran, dass das Boot unbedingt noch etwas unterbringen wollte. Die Liste der Dinge, die schiefgehen können, ist fast endlos und dann sind da noch die komplizierten Fälle, in denen zwei oder drei Sachen auf einmal schiefgehen.

Hier gilt das Gleiche wie beim Kern: Übung ist alles. Mit jedem Fehler, den wir finden, schärfen wir unser Denken und unsere Wahrnehmung, bilden wir Muster, packen eine weitere Erkenntnis in unseren Erfahrungsschatz.
Eine Alternative für diese Arbeit gibt es nicht, aber eine Abkürzung: Wenn

wir eine Stelle gefunden haben, an der uns etwas stört, können wir sie – statt darüber zu grübeln, was hier schiefgelaufen ist – ganz einfach intuitiv verbessern. Die verbesserte Version zeigt dann immer sehr deutlich, was es hier zu verbessern gab, worin also offensichtlich das Problem bestanden hat.

Das ist der letzte »Akt« des Spiels: Wenn das Boot herausgefunden hat, was genau der Fehler ist, übernimmt wieder der Wal mit seinem Wissen um innere Stimmigkeit, Lebendigkeit, Wahrhaftigkeit und repariert den Fehler, schließt die Lücke, flickt den Roten Faden.
Das Boot hat hier seine Arbeit getan und hält sich raus.
Bis zur nächsten Stelle, die noch nicht stimmig ist.

Dieses finale Spiel kann über viele Runden hin und her gehen, weil wir nach jeder Veränderung wieder über das Ganze sehen müssen. Passt das überarbeitete Layout der Seite zum Rest der Strecke? Ist das Intro noch stimmig, jetzt, wo wir den Beginn des zweiten Absatzes geändert haben? Was bedeutet es für die Story, wenn die Heldin doch nicht den Bus verpasst?
Jedesmal aufs Neue muss die Wahrnehmende Intuition allein finden, wo es noch hakt, muss die Analyse diesen Haken – und nur diesen – analysieren und den Job danach wieder an die Schöpferische Intuition übergeben.

Jede dieser Änderungen zieht fast immer weitere Änderungen nach sich, bis Kreation immer einfacher, reduzierter, konzentrierter, müheloser wird.
Bis das letzte Stückchen Marmor von David abgeschlagen ist.

Das perfekte Spiel

Perfektion hat etwas mit dem Endprodukt zu tun, Exzellenz mit dem Prozess.

JERRY MORAN

Drei Fähigkeiten der Intuition:
Geschwindigkeit der Echtzeit, Assoziatives Netzwerk, Zugang zu Harmonien.

Drei Phasen des Kreativprozesses, in denen diese Fähigkeiten eingesetzt werden:
Kern, Kreation, Kritik.
Die Phasen überlappen sich, gehen ineinander über, sind in Länge und Intensität variabel, aber die zentrale Aufgabe jeder Phase muss am Ende gelöst sein, damit starke Kreation entstehen kann.

In der ersten Phase, »Kern«, geht es um Klarheit, Präzision, Strenge, Disziplin. Die Analyse findet die Informationen mit dem höchsten faktischen Gewicht, die Intuition die mit dem höchsten emotionalen Gewicht.
Am Ende dieser Phase steht der eine Satz, der unique und präzise formuliert, was wir sagen wollen.
Er definiert, wonach der Wal suchen wird.
Alles entscheidet sich hier, in dieser scheinbaren Vorkammer der Kreation, die in Wahrheit die Startrampe ist. Ob Kreative wie entfesselt vor Ideen nur so sprudeln oder wal-los umherirren, ob ihre Kreation Menschen erreicht und Wirkung zeigt oder im Weißen Rauschen des medialen Dauerfeuers untergehen, ist in den wenigen Worten des Kerns angelegt.
Dafür braucht das Boot viel mehr Zeit von uns, als wir ihm bisher geben.

Die zweite Phase, »Kreation«, gehört dem Wal und seiner Schöpferischen Intuition. Sie besteht aus einer Stillen Phase, in der das nichtbewusste Denken den Kern und die bei seiner Entwicklung aufgenommenen Informationen verarbeitet und auf die Suche nach kreativen Umsetzungen geht.
Auf die Stille Phase folgt die Kreative Phase. Hier schreiben wir, gestalten, layouten, erzählen, denken aus. Entscheidend ist, dass das Boot aus der kreativen Arbeit herausgehalten wird. Der Wal muss ungestört, unkommentiert, unkritisiert, unkorrigiert nach Bildern und Geschichten suchen können.
Dafür braucht er viel mehr Vertrauen, als wir ihm bisher zu geben bereit waren.

Die dritte Phase ist der fulminante Höhepunkt des Spiels:
Die Wahrnehmende Intuition findet Unstimmigkeiten, Brüche, Fehler.

Die Analyse entschlüsselt, worin diese Fehler bestehen.
Dann überarbeitet die Schöpferische Intuition – und nur sie – die Kreation.

Das ist alles.

Alles in allem

Man sieht oft etwas hundert Mal, tausend Mal, ehe man es zum allerersten Mal wirklich sieht.

CHRISTIAN MORGENSTERN

Eigentlich ist es ganz einfach:
Wenn wir Kreation erschaffen wollen, die Menschen berührt, müssen wir die Führung unserer Intuition überlassen – nicht blind, nicht ihr allein, aber in vollem Bewusstsein, was sie in Wahrheit ist:
Die wortlose, unfehlbare Stimme der Universellen Harmonien in uns.
Die Stille Zone, in der Kreation entsteht.
Die Echtzeit, in der wir die Qualität von Kreation durchschauen.
Das schnellste Denken, das wir besitzen.

Und unser stolzer, rationaler, bewusster Geist?
Ist kostbar, einzigartig und völlig unverzichtbar für den Kreativprozess – aber er dient.
Herrschen darf er niemals.

Wenn wir diese beiden Kräfte klug miteinander spielen lassen, wild und diszipliniert, frei und strukturiert, dann geschieht etwas Außergewöhnliches:

Wir, die es noch nie gegeben hat, erschaffen Dinge, die es noch nie gegeben hat.

Anhang

Dank

Viele Menschen haben mit ihren Gedanken und Erkenntnissen in der Entwicklung von Echtzeit ihre Spuren hinterlassen, manche unmerklich, manche sichtbar und prägend.
Ihnen allen gilt mein Dank, genau wie all den Vordenkern in Philosophie, Anthropologie und kreativer Theorie. Manche ihrer Erkenntnisse waren so unmittelbar richtig für mich, dass sie einfach in meine Gedankenwelt hinübergeglitten sind, ohne dass ich heute noch die Urheber nennen könnte. Mein Dank gilt ihnen umso mehr.

Aber natürlich haben einige Menschen einen besonderen Anteil an »Echtzeit«:

Allen voran mein verstorbener Lehrer und Mentor Johannes Fiebig, der mir die Ohren für Musik geöffnet und mein Denken in präziser Analyse und exakter Wahrnehmung geschult hat. Seiner rational-analytischen Sicht auf die Welt verdanke ich unendlich viel, gerade weil sie meiner intuitiven Sicht so zuwiderlief. Er konnte Chaos ordnen, Zusammenhänge offenlegen, hinter den Vorhang des kreativen Zufalls sehen, wie wenige andere. Wenn Echtzeit etwas Klarheit in das schwer zu greifende Thema Intuition bringen konnte, dann ist das vor allem auch sein Verdienst.

Anja Abicht – eine der ersten Fans des »Wals« – die mir ihre Workshops anvertraut hat, als ich selbst noch nicht wusste, warum das Sinn machen könnte. Sie ist bis heute ein konstanter Treiber für mein Denken und meine Arbeit und hat auch dieses Buch mit angeschoben.

Mein Workshop-Partner, Wegweiser und freundschaftlicher Weggefährte Wulf-Peter Kemper, der mir gezeigt hat, wie einfach Strategie sein sollte und wie anspruchsvoll der Weg zu ihr ist.

Mein erster Kreativchef Hartmut Kozok, der mir das Intuitive Denken vorgelebt hat.

Meine Verlegerin und Lektorin Karin Schmidt-Friderichs, für ihre kluge und klare Begleitung und dafür, dass sie immer an dieses Buch geglaubt hat, ohne irgendwelche Kompromisse einzugehen – nach dem Motto: »Druck? Machen wir uns nur bei der Qualität.«

Bertram Schmidt-Friderichs für das gemeinsame Ringen um die perfekte Umsetzung – und dem Team des Hermann-Schmidt-Verlags für sein Engagement und seine Freundlichkeit.

Die vielen Kreativen, von denen ich lernen durfte, vor allem:
Andreas Summ, mein geschätzter Art-Partner bei Jung von Matt, der mit seiner charmant-knorrigen Gelassenheit nicht nur unser Team zusammen, sondern auch mich immer wieder auf dem Teppich hielt.
Alexander Baron, ein Meister der völlig überraschenden und zugleich stimmigen Idee.
Ralf Grauel, mein brillanter, gnadenloser Text-Kritiker.

Dank geht an den ADC (Art Directors Club Deutschland), an die Hamburg School of Ideas (ehemals Texterschmiede) und die Tomorrow Academy Wien für die Chance, meine Ideen und Erkenntnisse in Workshops auszuprobieren und weiterzuentwickeln.

Und natürlich an die unzähligen Workshop-Teilnehmer, die mich in den letzten zehn Jahren mit ihren Ideen, ihren Feedbacks und ihrer Offenheit über die Maßen beschenkt haben.

Am Ende aber gilt der größte Dank meiner Frau.
Ohne ihr Kernfinden in vielen Gesprächen und auf langen Spaziergängen wären weder dieses Buch noch sein Titel entstanden.

Lese-Empfehlungen

Neun Bücher mit Augenöffner-Qualität.

SAPIENS: EINE KURZE GESCHICHTE DER MENSCHHEIT

YUVAL NOAH HARARI

Wer den Menschen verstehen will, findet hier einen guten Startpunkt. Dieser kluge, umfassende Ritt durch 70 Jahrtausende Homo Sapiens ist nicht immer schmeichelhaft für uns als Spezies, aber ungemein erhellend.

DIE ANALOGIE

DOUGLAS HOFSTADTER & EMMANUEL SANDER

Wer unser Denken und unsere Sprache verstehen will, findet hier einen einzigartigen Startpunkt: Hofstadter und Sander legen überzeugend dar, wie unser Denken durch Analogien entstanden ist und entschlüsseln so ganz nebenbei auch die Ur-Qualität aller Kreation.

THE SEVEN BASIC PLOTS

CHRISTOPHER BOOKER

Das grundlegende Wunderwerk über das Wie und Warum des Storytelling. Booker legt die Muster unserer Erzählungen offen, Muster, die so alt sind wie die Menschheit. Mit präzisem Röntgenblick zeigt er, wie Geschichten, die oberflächlich gesehen nicht unterschiedlicher sein könnten, in der Tiefe identischen Plots folgen.

DER HEROS IN TAUSEND GESTALTEN

JOSEPH CAMPBELL

Das Standardwerk über die menschliche Ur-Geschichte, die Heldenreise. Campbell verdichtet mit seinem »Mono-Mythos« all unser Erzählen in eine einzige Struktur, die auch den »7 Basic Plots« von Booker zugrunde liegt. Und er zeigt, wie entscheidend Geschichten für die seelische Entwicklung jedes Individuums sind.

BLINK!

MALCOLM GLADWELL

Eine Schatzkiste von Beispielen intuitiver Entscheidungen. Wenn Radaroffiziere eigene Flugzeuge abschießen lassen oder Kunsthistoriker behaupten, eine kostbare Statue sei gefälscht, tauchen wir mit Gladwell in die erstaunlichen Fähigkeiten der empirischen Intuition ein.

WIE WIR ENTSCHEIDEN

JONAH LEHRER

Intuition für entspannte Sonntagnachmittage. Klug und gut geschrieben, ideal als Einstieg in das Thema.

DER UNTERGANG DES ABENDLANDES

OSWALD SPENGLER

Wer unsere Kultur – und alle Kulturen der Menschheit – verstehen möchte, bekommt hier ein Modell, das faszinierender und intuitiver nicht sein könnte. Spengler denkt und schreibt seinen Versuch einer Geschichtsphilosophie wie ein Kreativer: in klarsten Analogien und plastischen Bildern und basierend auf einem Weltwissen, das seitdem unerreicht ist.

MUSIK – DIE OFFENE FRAGE

LEONARD BERNSTEIN

Wie intuitiv und analogisch Bernstein die inneren Verbindungen von Mozart-Sinfonien und Shakespeare-Sonetten, von musikalischen und sprachlichen Strukturen aufzeigt und die Grundprinzipien der kreativen Arbeit analysiert, ist ebenso leichtfüßig wie atemberaubend.

MENSCHHEIT 2.0

RAY KURZWEIL

Die große Prophezeiung der Mensch-Maschine-Verschmelzung. Natürlich wird alles anders kommen, als Kurzweil es voraussagt, aber dass es am Ende dann doch ungefähr so kommen wird, nimmt man dem Futuristen und Google Chef-Ingenieur locker ab.

Quellen

Wir haben in Echtzeit bewusst auf Fußnoten verzichtet. Stattdessen finden sich hier, sortiert nach Kapiteln, die wichtigsten Quellen und Weiterlese-Tipps, sowie einfache Suchwort-Kombinationen, mit denen man die erwähnten Kommunikationsbeispiele etc. leicht im Web finden kann.

Homo Creativus

S. 28 Ray Kurzweil: Menschheit 2.0. Berlin, 2014 (siehe S. 218)
S. 30 Sony Bravia Werbung Bälle
Esso Tiger im Tank Spot
Marlboro Man Werbung
S. 31 Evian Babies
2018 goals spotify campaign/spotify 2016 ad campaign
Elbphilharmonie Skizze Herzog & de Meuron
Snickers Elton John
S. 33 Edeka Weihnachten Heimkommen
Johnny Walker Dear Brother
Hornbach Gothic Girl
S. 35 Douglas Hofstadter & Emmanuel Sander: Die Analogie. Stuttgart, 2014 (siehe S. 217)
S. 39 Renault Baguette
Hornbach du lebst
BVG UNESCO
S. 47 Bas Kast: Wie der Bauch dem Kopf beim Denken hilft. Frankfurt am Main, 2007

Die erste Kraft: Analyse

S. 63 Yuval Noah Harari: Sapiens. Eine kurze Geschichte der Menschheit. München, 2011 (siehe S. 217)
S. 64 Oswald Spengler: Der Untergang des Abendlandes. Köln, 2017 (Siehe S. 218)
S. 65 Oswald Spengler: Der Mensch und die Technik. München, 1931
Philip Goldberg: Die Kraft der Intuition. Frankfurt am Main, 2017

Auf der anderen Seite

S. 80 Jonah Lehrer: Wie wir entscheiden. München, 2009 (siehe S. 218)
Daniel Kahneman: Schnelles Denken, langsames Denken. München, 2012
Marcus Hänsel: Intuition als Beratungskompetenz. Heidelberg, 2002
David Eagleman: Inkognito. München, 2013
S. 82 Ference Marton a Nobel's Eye
S. 83 Arthur Koestler: Die Nachachtwandler. Frankfurt am Main, 1980
S. 84 Malcolm Gladwell: Blink!. Frankfurt am Main, 2005 (siehe S. 218)
Martin Kemp: Structural Intuitions. Charlottesville, 2016
Jürgen Weber & Utz Schäffer: Sicherung der Rationalität in der Willensbildung. Vallendar, 2018
S. 86 Air Force decision making training
S. 87 Beatles Abbey Road
Naresh Khatri & H. Alvin Ng: The Role of Intuition in Strategic Decision Making. Thousand Oaks, 2000
S. 88 Netflix Culture Deck

Die zweite Kraft: Intuition

S. 111 Here's to the crazy ones

Das Herz der Intuition

S. 121 Albert Rothenberg, Carl Hausmann: The Creativity Question. Durham, 1976
S. 130 Rammstein Engel live Madison
S. 132 Architektur Ideale Stadt
S. 132 Christopher Booker: The seven basic plots. London, 2005 (siehe S. 217)
Joseph Campbell: Der Heros in tausend Gestalten. Frankfurt am Main, 2011 (siehe S. 217)

Die Sprache der Intuition

S. 147 Steve Jobs Stanford-Rede

Das perfekte Spiel

S. 165 James Webb Young: A technique for producing ideas. New York City, 2003
Graham Wallas: The Art of Thought. Tunbridge Wells, 2018
S. 177 Steve Jobs Marketing
S. 187 Fahrradhelm Darth Vader
S. 195 Stockhausen Gruppen

Vita

Michael Matthiass wurde 1965 in Hamburg geboren. Begeistert vom Analysieren und Dirigieren von Bach-Werken machte er sein Diplom in Kirchenmusik. Beim anschließenden Studium Kulturmanagement entdeckte er seine besondere Fähigkeit, mit Sprache umzugehen und wechselte als Texter in die Werbung.
Nach Stationen bei FCB, DDB und Jung von Matt machte sich der inzwischen international ausgezeichnete Kreativdirektor 2011 selbstständig.

Er arbeitet seitdem als Dozent an verschiedenen Institutionen wie Art Directors Club Deutschland, Hamburg School of Ideas, Tomorrow Academy Wien und Jung von Matt Academy.
Der Schwerpunkt seiner Arbeit liegt heute im Coaching von Unternehmen, Medienhäusern, Verbänden, Hochschulen, Ministerien und Agenturen. Dabei geht es immer darum, durch das Zusammenspiel von Analyse und Intuition wirksamere Kommunikation zu entwickeln.

Zu seinen Kunden gehören u. a. Bosch, DHL, Filmhochschule München, Rewe, Verband Deutscher Ingenieure, Deutsche Bank, WDR, SWR, Die Zeit, Condé Nast und die Bundeskunsthalle Bonn.

Er ist verheiratet, hat zwei Kinder und lebt mit seiner Familie in Hamburg.

SATZ & REINZEICHNUNG
Liesbeth Trinler
LEKTORAT KSF
KORREKTORAT Sandra Mandl
VERWENDETE SCHRIFTEN Noe Text, Rector, Neue Haas Grotesk Text
PAPIER 100 g/m² Pureprint nature white (FSC)
GESAMTHERSTELLUNG gugler*, Melk, Cradle to Cradle-zertifiziert

verlag hermann schmidt
Gonsenheimer Straße 56
55126 Mainz
Tel. 06131/50 60 0
Fax 06131/50 60 80
info@verlag-hermann-schmidt.de
facebook: Verlag Hermann Schmidt
twitter/instagram: VerlagHSchmidt

STAY TUNED! Alle zwei bis vier Wochen versenden wir Newsletter, in denen wir über aktuelle Neuerscheinungen, Veranstaltungen und Aktionen informieren. Abonnieren auf www.verlag-hermann-schmidt.de

ISBN 978-3-87439-940-1
Printed in Germany with Love.

WIR ÜBERNEHMEN VERANTWORTUNG.
Nicht nur für Inhalt und Gestaltung, sondern auch für die Herstellung. Wir leisten einen Beitrag zum Klimaschutz und für intakte Ökosysteme durch die besonders umweltschonende und klimapositive Produktion dieses Buches beim cradle to cradle-zertifizierten Ökopionier gugler* in Melk. Der Druck erfolgte mit Farben auf Pflanzenölbasis und unter Verwendung von Ökostrom. Die Papiere für dieses Buch stammen aus sozial, wirtschaftlich und ökologisch nachhaltig bewirtschafteten Wäldern und entsprechen deshalb den Standards der Kategorie »FSC Mix«. Durch die Zertifizierung ist sichergestellt, dass kein illegal geschlagenes Holz aus dem Regenwald verwendet wird, Wäldern nur so viel Holz entnommen wird, wie natürlich nachwächst, und hierbei klare ökologische und soziale Grundanforderungen eingehalten werden. Der Buchblock wurde nach Cradle2Cradle-Standarts hergestellt. Alle CO2-Emissionen, die beim Druck dieses Druckprodukts entstanden sind, wurden zu 110 % kompensiert.

BÜCHER HABEN FESTE PREISE!
In Deutschland hat der Gesetzgeber zum Schutz der kulturellen Vielfalt und eines flächendeckenden Buchhandelsangebotes ein Gesetz zur Buchpreisbindung erlassen. Damit haben Sie die Garantie, dass Sie dieses und andere Bücher überall zum selben Preis bekommen:
Bei Ihrem engagierten Buchhändler vor Ort, im Internet, beim Verlag. Sie haben die Wahl. Und die Sicherheit. Und ein Buchhandelsangebot, um das uns viele Länder beneiden.